MARKETING ESTRATÉGICO

CB060848

 Os livros dedicados à área de *design* têm projetos que reproduzem o visual de movimentos históricos. As aberturas e títulos deste módulo, com elementos fragmentados, formas aleatórias, mistura de tipografia e estilos e brincadeiras visuais, relembram o *design* pós-moderno, muito forte nos anos 1980.

MARKETING ESTRATÉGICO

Daniele Melo de Oliveira

inter
saberes

Rua Clara Vendramin, 58 . Mossunguê . CEP 81200-170 . Curitiba . PR . Brasil
Fone: (41) 2106-4170 . www.intersaberes.com . editora@intersaberes.com

Conselho editorial
Dr. Ivo José Both (presidente)
Drª Elena Godoy
Dr. Neri dos Santos
Dr. Ulf Gregor Baranow

Editora-chefe
Lindsay Azambuja

Supervisora editorial
Ariadne Nunes Wenger

Assistente editorial
Daniela Viroli Pereira Pinto

Edição de texto
Caroline Rabelo Gomes
Monique Francis Fagundes Gonçalves

Capa
Charles L. da Silva (*design*)
Patty Chan/Shutterstock (imagens)

Projeto gráfico
Bruno Palma e Silva

Diagramação
Iná Trigo

Designer responsável
Iná Trigo

Iconografia
Regina Claudia Cruz Prestes

Dados Internacionais de Catalogação na Publicação (CIP)
(Câmara Brasileira do Livro, SP, Brasil)

Oliveira, Daniele Melo de
   Marketing estratégico/Daniele Melo de Oliveira. Curitiba: InterSaberes, 2021.

   Bibliografia.
   ISBN 978-65-5517-959-0

   1. Administração de empresas 2. Marketing – Planejamento 3. Planejamento estratégico I. Título.

21-55751 CDD-658.802

Índices para catálogo sistemático:
1. Marketing estratégico: Administração de empresas   658.802
Cibele Maria Dias – Bibliotecária – CRB-8/9427

1ª edição, 2021.

Foi feito o depósito legal.

Informamos que é de inteira responsabilidade da autora a emissão de conceitos.

Nenhuma parte desta publicação poderá ser reproduzida por qualquer meio ou forma sem a prévia autorização da Editora InterSaberes.

A violação dos direitos autorais é crime estabelecido na Lei n. 9.610/1998 e punido pelo art. 184 do Código Penal.

Sum*ário*

Apresentação 8

1 **Marketing** 14
   1.1 Conceitos básicos de marketing 17
   1.2 Planejamento estratégico de marketing 24
   1.3 Níveis estratégicos de marketing 31
   1.4 Missão, visão e valores 33
   1.5 Objetivos e estratégias 37

2 **Orientações estratégicas** 46
   2.1 Análise ambiental: macroambiente social e político 55
   2.2 Análise ambiental: macroambiente tecnológico, econômico e natural 66
   2.3 Análise ambiental: macroambiente empresa, concorrentes e clientes 70

3 **Previsão de vendas** 78
   3.1 Métodos qualitativos 92
   3.2 Análise SWOT 96
   3.3 Segmentação 101

4   **Diferenciação** 112
    4.1 Posicionamento 123
    4.2 Vantagem competitiva 125
    4.3 Produto 129
5   **Marcas** 142
    5.1 Preço: formação 145
    5.2 Preço: novos produtos e ajustes 151
    5.3 Ponto 154
    5.4 Promoção 157
    5.5 Inovação 162
    5.6 Marketing de serviços 165
6   **Marketing de relacionamento** 172
    6.1 Endomarketing 177
    6.2 Plano de marketing 183
    6.3 Tipos de marketing 194
    6.4 Ética e responsabilidade social no planejamento de marketing 196

Considerações finais 200
Referências 204
Sobre a autora 218

Apresen*tação*

O marketing está presente no dia a dia das sociedades, em praticamente todas as atividades necessárias à sobrevivência, como alimentação, vestuário, entretenimento, trabalho etc. Tudo isso acontece quando há entrega de produtos e serviços aos clientes com valor agregado, ou seja, quando as expectativas de quem recebe são superadas.

Além das necessidades de sobrevivência, há os desejos impulsionados pelas estratégias de marketing, desenvolvidas por publicidade, propaganda e promoção. Quanto mais inovadoras e criativas forem essas estratégias, maior será o consumo e, consequentemente, o crescimento de indústrias que manufaturam e de pontos de venda, físico ou virtuais, que entregam. Dessa forma, cresce a cada dia o mercado de trabalho para os profissionais que detêm conhecimentos em marketing, ou seja, os especialistas.

O profissional de marketing pode ajudar as empresas a se destacarem no mercado globalizado, cada vez mais competitivo, cuja concorrência, muitas vezes, é desleal, ampliando o valor de suas marcas e aumentando o volume de vendas.

Para tanto, faz-se necessário o conhecimento do público-alvo, ou seja, o desenho do perfil socioeconômico e cultural das pessoas que se pretende atender, direcionando produtos e serviços específicos a elas. Assim, é possível antecipar as tendências de consumo para o mercado de uma maneira geral, impulsionando a pesquisa e o desenvolvimento.

Nesta obra, buscamos apresentar os principais conceitos de marketing, bem como suas ferramentas e sua aplicabilidade nas diversas áreas empresariais. Com conteúdos simples e objetivos, os capítulos oferecem linguagem prática, oportunizando a ampliação de conhecimentos e fortalecendo a importância do entendimento para aumentar a competitividade das empresas.

Assim, no Capítulo 1, com o objetivo de promover o conhecimento e a capacidade resolutiva dos discentes, questionamos o conhecimento de marketing até então adquirido e fazemos uma retomada histórica desse tipo de estudo para o desenvolvimento de atividades de mercado das sociedades.

No Capítulo 2, abordamos estratégias, levando o leitor a compreender ações que podem ser tomadas para a venda de um produto ou serviço, com a aplicação de ferramentas como a análise de SWOT.

No Capítulo 3, focamos a previsão de vendas, tema de extrema importância para que o gestor de marketing saiba como atuar nos períodos do ano em que as vendas aumentam.

No Capítulo 4, trabalhamos com a diferenciação de produtos e serviços lançados no mercado com planejamento.

Nos Capítulos 5 e 6, abordamos a temática de marcas, serviços, marketing de relacionamento e demais tipos de marketing.

A obra ainda ressalta grandes autores que avançaram no conhecimento de marketing e demais áreas da gestão de empresas, aspectos fundamentais para a promoção das organizações.

Capítulo 1

MARKETING

Estudos apontam que a palavra *marketing* vem do termo latim *mercare*, que remete às atividades comerciais. Relata-se que, na Roma Antiga, tudo o que se produzia era comercializado, necessitando-se, então, de esforços para permutas e vendas. Ainda que rudimentares, nascem aqui os primeiros estudos mercadológicos que ganhariam força pelas necessidades de inovação do mercado e pelas exigências das pessoas que interagem com produtos e serviços negociados, tornando-se consumidores.

Muitos estudiosos acreditam que o marketing efetivamente surgiu com a industrialização, na fase da Revolução Industrial, com o advento das máquinas. Nesse período, tudo o que se produzia era vendido. Mas, na história da humanidade, sempre que o homem sofreu mudanças nas formas de trabalho, graças à evolução de máquinas e equipamentos, ele precisou progredir, ainda que implicitamente, nas formas de gestão, com o objetivo de praticar a troca e, principalmente, a venda de mantimentos, artefatos e materiais diversos. O trabalhador do conhecimento é, para Laudon e Laudon (1999, p. 308), "aquele que gera informação e/ou conhecimento, diferente daquele que apenas manipula dados". Na história do homem, sempre houve, ainda que implicitamente, conceitos de marketing para suprir as necessidades sociais, de sobrevivência.

> O que foi sempre uma grande preocupação tornou-se fundamental com a Revolução Industrial. As teorias econômicas e sociais dos últimos duzentos anos estão fundamentadas no trabalho. Isso é verdade não só para o marxismo, com sua ultrassimplificação histórica onde a sociedade é sempre organizada de acordo com o modo pelo qual os meios de produção, isto é, os instrumentos de trabalho, estão sendo controlados; é igualmente verdadeiro

para os economistas ortodoxos, para os sociólogos filosóficos do começo do século XIX na França, e para a maioria dos outros "ismos" dos últimos dois séculos. (Drucker, 1975, p. 199)

Sempre que houver o interesse de pessoas em prol de algum tipo de consumo, haverá a presença do marketing, que se preocupa com qualidade, entrega e atendimento ao cliente em relação aos produtos e aos serviços comercializados. Para Bernard (2007, p. 29), "O marketing é uma atividade central das organizações modernas, que vem crescendo em sua importância na busca pelo atendimento eficaz em alguma área de necessidade humana ou empresarial".

A escola de *commodities*, base para os pensamentos de marketing, surge em meados do século XX, preocupando-se com o estudo e a descrição das características de produtos e hábitos de compra dos consumidores. A partir desse momento, é possível direcionar o produto ao cliente com mais assertividade.

Com o tempo, independentemente de divisões hierárquicas ou de classe social, o cliente passou a ter mais conhecimento sobre seu consumo, tornando-se mais exigente e aumentando as expectativas de retorno para com o marketing.

Na língua inglesa, o termo *marketing* remete à ação no mercado, isto é, direcionar estratégias a ações práticas e dinâmicas ao mercado. Diversas são as definições do termo *marketing* em relação à sociedade, que vem evoluindo para estudos específicos em diversas escolas espalhadas pelo mundo, especialmente a partir do século XX.

"Marketing social é o processo por meio do qual pessoas e grupos de pessoas obtêm aquilo que necessitam e desejam com a criação, oferta e a livre negociação de produtos e serviços de valor com os outros" (Kotler, 2006, p. 4).

A partir da década de 1940, houve o aumento da competitividade no mercado globalizado, regido pelo sistema capitalista, sob influência preponderante da forma de consumo norte-americana, impulsionando o desenvolvimento de novas estratégias de venda no restante do mundo, inclusive no Brasil.

O termo *marketing*, no Brasil, surgiu na década de 1950, impulsionado pelas mudanças no mercado internacional, pela necessidade de treinar pessoas, ganhando destaque no ensino em escolas e universidades. Desde então, o marketing vem se difundindo nas organizações, ampliando suas oportunidades de ação e sendo fundamental para o sucesso das organizações.

O conhecimento acadêmico dos colaboradores de uma empresa, atrelado a conhecimentos formais, técnicos e de experiência prática profissional dos membros da equipe, gerou a necessidade de outros conhecimentos frente aos desafios de marketing.

1.1 Conceitos básicos de marketing

Atualmente, o conceito de marketing nas empresas envolve mais que venda, abrange também estratégias gerenciais voltadas ao entendimento do comportamento do consumidor, com o objetivo de fidelizar clientes que contam com cada vez mais informação. Para Masuda (1982, p. 18), a sociedade da informação "é uma sociedade que cresce e se desenvolve em torno da informação, levando a um estado geral de florescimento da criatividade intelectual humana, ao invés de um copioso consumo material".

Emerge, então, a necessidade de profissionalização e gerenciamento do marketing. Para Kotler (2006), *marketing gerencial* é o processo de planejar e executar a concepção, a determinação do preço, a promoção e a distribuição de ideias, bens e serviços para criar negociações que satisfaçam metas individuais e organizacionais.

De acordo com Kotler e Keller (2006), os profissionais de marketing devem interagir com informações e ideias nos diversos processos que envolvem bens, produtos, serviços, experiências, pessoas e lugares para cumprir seus objetivos e impulsionar as organizações, tornando-as mais competitivas.

Os principais conceitos que o profissional de marketing deve dominar dizem respeito ao mercado, ao consumo e ao comportamento humano, e são referentes aos seguintes aspectos:

- **Bens** – dividem-se em tangíveis, palpáveis, e intangíveis, aqueles que não podem ser pegos.
- **Concorrência** – é a influência competitiva do mercado direcionado a um mesmo produto ou serviço.
- **Desejos** – são carências por satisfações específicas.
- **Eventos** – são formados por feiras, exposições e eventos em determinados períodos do ano que têm o objetivo de divulgação.
- **Experiências** – incluem a criação e o desenvolvimento de produtos e serviços com base em novas oportunidades que possam ser degustadas e comercializadas pelo público.
- **Informações** – o marketing pode auxiliar empresas a produzir e comercializar informações como se fossem um produto. Esse recurso é bastante utilizado por escolas e universidades.

- **Lugares** – muitas cidades aproveitam seu privilégio geográfico e investem em estrutura física e em pessoas habilitadas para promover o turismo.
- **Marca** – proposta de valor de um bem intangível.
- **Mercado** – ambiente que pode sofrer oscilações de oferta e de demanda.
- **Necessidades humanas** – podem ser implícitas (não transparentes) e explícitas (transparentes), bases para a sobrevivência do ser humano.
- **Necessidades de mercado** – normalmente são identificadas pela aplicação e pela pesquisa junto ao consumidor.
- **Oferta** – pode ser entendida como a redução de valores de um produto, podendo ser ou não combinado a outros produtos e/ou serviços.
- **Organizações** – são empresas que utilizam estudos de marketing para construir e consolidar uma imagem institucional para os consumidores.
- **Produto** – é tudo aquilo que satisfaz uma necessidade ou um desejo.
- **Preço** – é a expressão monetária do valor do produto ou do serviço.
- **Pessoas** – o marketing pessoal é muito importante para as organizações na composição de estilos que impulsionem o consumo.
- **Propriedades** – são direitos intangíveis de posse, como ações e títulos que precisam dos esforços de marketing para compra e venda.

- **Promoção** – é o uso de estratégias para alavancar ou tornar o produto mais conhecido.
- **Segmentação** – é a divisão e a classificação do mercado em regiões geográficas, demográficas, comportamentais e por poder de aquisição financeira.
- **Segmentação psicográfica** – é a ciência que estuda a psicologia da demografia de determinada região.
- **Serviços** – são intangíveis, mas a qualidade das atividades exercidas são extremamente importantes para o consumidor.
- **Tendências do mercado** – consistem na análise a curto, médio e longo prazos do comportamento do consumidor em relação a um novo produto ou serviço.

Após o conhecimento dos principais aspectos inerentes às atividades de mercado, outro grande desafio do profissional de marketing é entender as necessidades humanas que promovem o consumo. Os principais requisitos de satisfação básica do homem referem-se à respiração, à alimentação, ao descanso, à segurança, ao bem-estar, à diversão e à instrução.

O grau de necessidades básicas de sobrevivência difere de uma pessoa para outra. O psicólogo americano Maslow idealizou uma escala de classificação hierárquica para o melhor entendimento dessas necessidades, conhecida como *teoria da hierarquia das necessidades humanas* ou *pirâmide de Maslow*.

O estudo parte do princípio de que, uma vez satisfeita uma necessidade, surgem outras, as quais o indivíduo procura satisfazer. Nesse aspecto, os profissionais de marketing precisam conhecer os principais fatores motivacionais que levam ao consumo, oferecendo o produto ou o serviço certo para a pessoa certa, sendo esse o conceito de público-alvo.

Figura 1.1 – **Pirâmide idealizada por Maslow**

Fonte: Elaborado com base em Maslow, 1943.

No atual modelo econômico, baseado nas necessidades humanas, o investimento de empresas em marketing têm sido cada vez maior, pois, com a inserção de novos produtos e serviços advindos do mercado globalizado, o ciclo de vida destes tem sido cada vez menor, impulsionando o desenvolvimento de novas ferramentas e técnicas que despertem o interesse do mercado consumidor. Afinal, todos os dias surgem novos produtos no mercado, principalmente de caráter tecnológico. Para Paixão (2007, p. 102), "A internet é uma mídia que congrega milhões de consumidores com potencial de compra, sendo assim uma ótima oportunidade de divulgação e vendas".

A tecnologia é um fator de produção que, somado aos recursos materiais (matérias-primas), forma o produto acabado, o qual se torna competitivo ou não no mercado globalizado, dependendo dos esforços de marketing na aplicação de estratégias adequadas à realidade, de modo a alcançar as metas preestabelecidas. Segundo Las Casas (2011, p. 85), "Uma vez definidos os objetivos, há a necessidade de uma determinação de que atividades são necessárias para alcançá-los. A estratégia é um plano de ação para chegar lá".

Diariamente, percebemos nos diversos ambientes de convívio social e de trabalho ações de publicidade e propaganda: anúncios em jornais, televisão e rádio; cartazes; letreiros; *outdoors*; ambulantes, entre outros recursos utilizados para impulsionar a compra.

> A propaganda pode ser definida como ações [...] que tendem a influenciar o homem, com objetivo político, cívico ou religioso. É o ato de propagar ideias, princípios e teorias sem o fator comercial. [...]
>
> Já a publicidade deriva de público (do latim **publicus**) e é conceituada como a arte de tornar público, divulgar um fato ou uma ideia, já com objetivos comerciais, uma vez que pode despertar o desejo de compra [...]. (Gonçalez, 2009, p. 7)

Conhecer os principais fatores de consumo melhora o entendimento do processo de comunicação entre pessoas, produtos e serviços. Direcionar o produto certo para a pessoa certa é uma habilidade a ser desenvolvida por meio de conhecimento e estudos.

Maximiano (2004) aponta que é função do marketing unir as empresas a seus clientes. O autor ainda afirma que todo o tipo de empresa, independentemente de seu porte ou ramo de atuação, deve criar o próprio departamento de marketing, com estratégias específicas voltadas às especificidades de seu produto ou serviço. Além disso, é necessário realizar pesquisas para desenvolvimento e melhorias dos diversos canais de distribuição dos produtos disponíveis, no que tange ao preço, à promoção e à tão almejada venda.

Vale ressaltar que todas as pessoas apresentam capacidade de compra e estão constantemente necessitando de produtos e serviços, sendo essencial adquiri-los de alguma maneira. Contudo, muitas pessoas não têm a consciência do que realmente necessitam ou desejam, agindo por impulso, uma vez que o ato de comprar está mais relacionado ao desejo do que à necessidade. O marketing administrado de modo eficaz é realizado por planejamento e não por impulso. Ciente de tais necessidades e fragilidades, os profissionais dessa área devem dedicar-se ao estudo do comportamento dos clientes, atualizando-se quanto às novas técnicas mercadológicas, promovendo as vendas com maior potencial de retorno e justificando os recursos financeiros dispendidos pelas organizações nessa área.

Contudo, o marketing deve interagir com outras áreas organizacionais, objetivando não sobrecarregar setores diversos, como o de estoque, por exemplo. Uma superestimação de vendas pode causar prejuízos à organização, com matérias-primas e produtos parados, aguardando clientes.

Segundo Moura (2004), uma eficiente gestão de estoques tem o objetivo de garantir o bom atendimento ao cliente final, sem que haja desperdícios nem estoques excedentes ao longo da cadeia produtiva, buscando-se reduções de custos organizacionais. Os níveis altos de estoque podem acarretar problemas na produção, bem como gasto elevado com a manutenção. Essas despesas são resultados de espaço ocupado, custo de capital e funcionários, o que interfere no planejamento dos recursos financeiros para a execução das estratégias de marketing.

O marketing, então, deve estar atento às mudanças do mercado e às exigências dos clientes, mas também às demais áreas que compõem a empresa, promovendo desenvolvimento amplo e sustentável.

1.2 Planejamento estratégico de marketing

Ainda que muitas empresas tomem decisões mercadológicas aleatórias, o marketing é um estudo estratégico e competitivo que, por meio de suas ferramentas, objetiva ajudar as empresas em seus processos, otimizando as vendas, em um retorno dos esforços por lucratividade.

O marketing é eficaz se, além do gestor, pode contar com a colaboração de todas as pessoas de uma organização. A interferência multidisciplinar enriquece as organizações, resultando em diversidade de conhecimentos, de experiências e de ideias. Segundo Chiavenato (2004, p. 283), "O administrador consegue fazer tudo através das pessoas, razão pela qual elas ocupam posição primordial nos negócios de todas as organizações".

Para Milkovich e Boudreau (2000), o objetivo em estimular a participação multidisciplinar é criar um clima no qual todos os empregados possam desempenhar suas funções com o melhor de suas habilidades e contribuir criativamente para a organização, colaborando com o marketing por meio de experiências e ideias inovadoras.

> As pessoas responsáveis por conduzir estas tarefas são chamadas de *administradores* ou *gestores*, que vem do ato de coordenar os recursos organizacionais no sentido de obter eficiência e eficácia, bem como o alto grau de satisfação entres as pessoas que fazem o trabalho e o cliente que o recebe. (Chiavenato, 2004, p. 40, grifo nosso)

A principal ferramenta de marketing é seu plano estratégico, que deve ser transcrito em um documento formal, detalhando de maneira clara e precisa as atividades e os projetos de vendas para o mercado, principalmente focados no futuro.

> O plano de marketing estabelece objetivos, metas e estratégias do composto de marketing em sintonia com o plano estratégico geral da empresa. É toda a relação produto/mercado, que, em conjunto com os outros planos táticos, forma o plano estratégico. (Las Casas, 2011, p. 8)

Para Kotler (2006), o plano de marketing é um documento escrito que resume o que os profissionais dessa área sabem sobre o mercado em que pretendem atuar, indicando pontualmente como a empresa planeja alcançar seus objetivos a curto, médio e longo prazos. O plano de marketing deve ser revisto pelos gestores e participantes do projeto constantemente, pois o mercado, a moeda, a demanda e a concorrência sofrem mudanças constantes, necessitando, muitas vezes, que as ações sejam replanejadas.

Para Chiavenato (2014, p. 60), "Visão é a imagem que a organização tem a respeito de si mesma e do seu futuro. É o ato de ver a si própria projetada no espaço e no tempo". Toda empresa deve ter seu plano de marketing bem definido, com objetivos e metas bem delimitados, assim como os anseios de desenvolvimento organizacional impulsionados pelas vendas.

Um planejamento deve descrever as formas de se alcançar os objetivos delimitados, sendo que todas as atividades desenvolvidas e as decisões tomadas no presente impactam positiva ou negativamente o futuro da organização. Nesse aspecto, o plano de marketing deve apresentar a previsão dos recursos materiais e financeiros, pessoas e demais necessidades para o sucesso do plano traçado, em uma ação proativa.

Um plano de marketing pode ser interpretado como um projeto de pesquisa que leva os colaboradores a novos conhecimentos. Ele deve ser escrito de maneira clara, precisa, dentro da realidade de mercado e sem perder o foco nos objetivos traçados. Segundo Beirão (1998), "Para desenvolver um projeto de pesquisa é necessário buscar o conhecimento existente na área, formular o problema e o modo de enfrentá-lo, coletar e analisar dados, e tirar conclusões. Aprende-se a lidar com o desconhecido e a encontrar novos conhecimentos".

Ao final da redação do plano de marketing, deve-se inserir a concordância de todas as pessoas que participaram de sua estruturação. Após isso, as estratégias podem ser implementadas pelos executores.

> As pesquisas deste tipo caracterizam-se pela interrogação direta das pessoas cujo comportamento se deseja conhecer. Basicamente, procede-se à solicitação de informações a um grupo significativo de pessoas acerca do problema estudado para, em seguida, mediante análise quantitativa, obterem-se as conclusões correspondentes aos dados coletados. (Gil, 2010, p. 35)

Segundo Rayol (2007), *planejamento* significa pensar antes de agir; é um cálculo que deve ser feito antes, durante e depois de qualquer ação a ser tomada pelas empresas, tornando possível a execução de tarefas necessárias aliadas à adequação dos recursos e custos que podem ser despendidos na oportunidade de novos negócios. Para Martins e Alt (2009, p. 5), "[...] recurso é tudo aquilo que gera ou tem capacidade de gerar riqueza, no sentido econômico do termo".

O importante no planejamento de negócios é a jornada. O plano é seu ponto de partida. Ele traça um caminho até seu destino. Identifica quais os principais riscos e perigos a evitar no caminho. Oferece estratégias para lidar com vendavais e obstáculos. Apresenta marcos para confirmar o seu progresso. Ajuda a esperar o inesperado. Com um bom plano de negócio, você sabe onde começou, aonde está indo e como chegar lá. (Stutely, 2012, p. 31)

Para a elaboração do plano estratégico de marketing, os gestores devem seguir alguns passos metodológicos na construção desse documento, sem, contudo, perder o foco do que foi planejado. Dessa forma, é possível a entrega de um plano organizado, compatível com a realidade de mercado e de qualidade. Segundo Demo (1995), a metodologia refere-se aos procedimentos, às ferramentas e às formas de se fazer ciência, sendo essencial e relevante, uma vez que permite organizar a maneira de trabalhar, apontando o trajeto a ser percorrido para atingir a finalidade do estudo proposto.

A construção do plano de marketing deve seguir alguns passos, a saber: levantamento de informações; de problemas e oportunidades; determinação dos objetivos; do orçamento, desenvolvimento de estratégias e projeção de vendas e lucros.

"Para que o trabalho do vendedor tenha um bom desempenho é necessário que o profissional tenha algumas características natas (ou adquiridas), um comportamento adequado para vender e técnicas de como abordar o consumidor" (Costa, 2003, p. 81).

No **levantamento de informações**, é necessário apontar todos os elementos internos e externos à organização. Deve-se levar em consideração a realidade da empresa e do mercado, os concorrentes diretos e indiretos e as demandas ociosas para, então, pensar em atender às necessidades dos clientes. O levantamento de informações é a base do plano de marketing e da tomada de decisões assertivas pelos gestores.

No **levantamento de problemas**, é necessário que todos os riscos que envolvem o negócio sejam resolvidos. Dessa forma, a organização estará apta a absorver as oportunidades que venham a ocorrer; caso contrário, ela não terá forças para ingressar em novos desafios, pois se limitará a resolver situações emergenciais que requerem recursos humanos, materiais e financeiros.

Na **determinação dos objetivos**, a empresa delimita aonde quer chegar. Essa é uma etapa de suma importância para o sucesso do plano de marketing. Os objetivos devem ser classificados de acordo com a necessidade e o grau de importância para a organização e devem ser alcançáveis, caso contrário, causarão grandes frustrações a toda a equipe. Essa etapa resplandece o grau de maturidade da organização e de seus executores.

Na **determinação do orçamento**, devem ser mensurados todos os gastos financeiros necessários à execução das ações descritas no plano de marketing, bem como os cálculos de viabilidade econômica. Nesse fase, devem ser descritos os gastos necessários com propaganda, promoção, eventos, viagens, ou seja, todos os itens que envolvam custos.

O **desenvolvimento de estratégias** engloba a descrição de todos os passos necessários para que os objetivos descritos sejam alcançados. A estratégia deve ser constantemente monitorada, de modo que os recursos previstos sejam usados corretamente para o sucesso do plano e o alcance dos objetivos organizacionais.

Na **projeção de lucros e vendas**, é medido o retorno dos esforços de marketing para a empresa, por meio do desenvolvimento de ferramentas de projeção de vendas, custos e lucros. Quanto mais realista for essa etapa, mais executável será o plano de marketing.

O plano de marketing, assim, pode ser a parte do plano de negócios ou plano corporativo de uma empresa, podendo ser subdivido em demais grupos, como plano de vendas, de publicidade, de *merchandising*, de promoção etc., de acordo com os objetivos traçados.

Um plano de negócios pode complementar as informações do plano de marketing, principalmente no que tange aos aspectos financeiros e de viabilidade econômica, de maneira que a empresa não se perca nos recursos financeiros necessários à execução do planejamento desenhado. A função de compras em uma organização, por exemplo, é fundamental para a produção de bens ao cliente, porém, é necessário procurar o melhor material, providenciar que a entrega da matéria-prima ocorra no prazo estipulado, com a qualidade solicitada, e o mais importante, a um preço justo, para que custos adicionais não sejam repassados ao cliente no produto ou serviço final.

Todo o empreendimento deve ter um plano de negócios, evitando, assim, perdas de dinheiro e de tempo. Anualmente, muitas empresas encerram suas atividades porque não houve esse planejamento.

> O planejamento financeiro é um aspecto importante das operações da empresa, pois fornece roteiros para guiar, coordenar e controlar as ações da empresa com a intenção de alcançar seus objetivos. Dois aspectos fundamentais do processo de planejamento financeiro são o **planejamento de caixa** e o **planejamento de lucros**. O planejamento de caixa envolve a preparação do orçamento de caixa da empresa. O planejamento de lucros envolve a preparação de

demonstrações projetadas. Tanto o orçamento de caixa quanto as demonstrações projetadas são úteis para o planejamento financeiro interno. Também costumam ser exigidos por fornecedores de recursos financeiros atuais e potenciais. (Gitman; Chad, 2017, p. 130, grifo do original)

Normalmente, os objetivos traçados pela gestão empresarial para a execução das estratégias de marketing requerem investimentos financeiros, que podem vir do próprio caixa da empresa ou de empréstimos junto a bancos, terceiros ou outros fundos de investimentos. Se a organização tem sócios e/ou acionistas, um plano financeiro de negócios aumenta a visibilidade do cenário administrativo, ajudando na tomada de decisão mais assertiva, de modo a garantir o prosseguimento do desempenho positivo da empresa no mercado.

Segundo Rosa (2013, p. 13),

> plano de negócio é um documento que descreve por escrito os objetivos de um negócio e quais passos devem ser dados para que esses objetivos sejam alcançados, diminuindo os riscos e as incertezas. Um plano de negócio permite identificar e restringir seus erros no papel, ao invés de cometê-los no mercado.

Para Kotler e Keller (2006, p. 2), "O sucesso financeiro [das organizações] muitas vezes depende da habilidade de marketing. Finanças, operações, contabilidade e outras funções de negócio não terão sentido se não houver uma demanda para produtos e serviços suficiente para que a empresa obtenha lucro". Esses estudos cabem aos estudiosos de marketing.

De acordo com Martins e Alt (2009, p. 5), "recurso é tudo aquilo que gera ou tem capacidade de gerar riqueza, no sentido econômico do termo".

Moura (2004, p. 32) acredita que "gestão eficiente é possibilitar ajustes eficazes em seu processo, resultante em redução de custo e economia nas aquisições".

Vale ressaltar que não basta apenas elaborar o planejamento estratégico de marketing. Ele deve ser colocado em prática o mais breve possível; do contrário, o cenário do mercado pode sofrer mudanças e, com isso, os objetivos e as metas traçados podem ficar defasados. Casso isso ocorra, o planejamento estratégico deve ser reestruturado em um novo plano, pois o planejamento não é uma atividade isolada, mas faz parte de um processo administrativo em uma sequência de atividades que resultará em um plano de ação.

1.3 Níveis estratégicos de marketing

A estruturação das estratégias de marketing requer níveis para que objetivos e metas sejam alcançados. Segundo Kotler (2006, p. 63), "Estratégia é o adesivo por meio do qual se constrói e fornece posição de valor consistente e diferenciada ao mercado-alvo".

> As organizações são entidades igualmente orientadas para objetivos. Quase tudo dentro das organizações está orientado para uma meta, finalidade, estado futuro ou resultado a alcançar. Cada organização define seus próprios objetivos organizacionais. Objetivo organizacional é um estado desejado que a organização pretende atingir e que orienta seu comportamento em relação ao futuro. (Chiavenato, 2004, p. 256)

Na prática mercadológica, a estratégia é entendida como *a receita do bolo*, ou seja, a relação dos itens necessários, na quantidade certa, para se obter os resultados desejados. Todavia, não se pode descartar as incertezas do mercado, já que há muitas e impactantes oscilações, como alterações no valor do dólar, falta de matéria-prima e de consumo, excesso de demanda, entre outras, e por isso os objetivos de marketing devem ser revistos.

A estratégia de marketing divide-se em três níveis: (1) estratégico, (2) tático e (3) operacional. O **nível estratégico** refere-se a tudo aquilo que é institucional, que pertence a toda a organização. Engloba as decisões da empresa em nível macro, mais amplo, ou seja, são as grandes decisões. Isso não depende do tamanho da organização, mas sim da amplitude das decisões. Normalmente, envolve decisões de médio e longo prazos. O **nível tático**, por sua vez, diz respeito às ações gerenciais intermediárias ou média gerência. Elas acontecem dentro da empresa normalmente a curto prazo. Já o **nível operacional** é a base da pirâmide e engloba todas as pessoas envolvidas na execução dos planos de ação calculados no planejamento. Esse nível depende de pessoas que executem as ações propostas com responsabilidade.

Figura 1.2 – **Níveis estratégicos de marketing**

Todos os níveis estratégicos do marketing são importantes para que a missão, a visão e os valores da empresa se cumpram na execução dos planos de ação. Em todos os níveis, em maior ou menor grau, a participação de pessoas é fundamental.

1.4 Missão, visão e valores

O entendimento das estratégias de negócio voltadas a empresas de pequeno, médio e grande porte para atender às demandas do mercado globalizado tem popularizado os conceitos de administração, principalmente no que tange à missão, à visão e aos valores.

Toda empresa, ao planejar seus negócios, deve definir sua missão, sua visão e seus valores, a fim de organizar-se e alinhar-se a suas metas e seus objetivos.

A **missão** faz parte do planejamento estratégico e deve expressar para qual finalidade a empresa nasceu, a declaração de seu propósito. Isso vale também para projetos, que devem expressar a razão de ser de uma empresa e ser de fácil entendimento para seus colaboradores, principalmente. A missão deve ser construída em consonância com a visão, objetivando ser atingida, mesmo que a longo prazo, mas sendo impulsionada para a continuidade.

Para Kotler e Keller (2006, p. 43), "As melhores declarações de missão são aquelas guiadas por uma visão, uma espécie de 'sonho impossível' que proporciona à empresa um direcionamento para os próximos 10 a 20 anos".

A missão deve ser otimista, mas real, e expressar o desejo de contribuição com a sociedade por meio de seus produtos e/ou serviços.

O texto pode iniciar com verbos de ação impessoal, como *oferecer, fabricar, entregar, comercializar, fazer, ofertar, atuar, viabilizar, promover* etc.

Conforme Jesus (citado por Costa, 2008), "a missão de uma empresa está profundamente ligada não somente ao lucro, mas ao seu objetivo social. Toda missão dever [sic] nortear os objetivos financeiros, humanos e sociais da organização".

Para que um gestor estruture a missão empresarial, ele pode se fazer as seguintes perguntas:

- O que a empresa faz?
- Como ela produz ou presta serviço?
- Para quem ela trabalha? Qual seu público/cliente?

Andrade (citado por Costa, 2008) ainda complementa:

> a missão de uma organização deve ser definida para satisfazer alguma necessidade do ambiente externo e não simplesmente em oferecer um serviço ou produto. Portanto para definir a missão de uma organização algumas perguntas devem ser respondidas como: Qual o nosso negócio? Quem é o nosso cliente? Que satisfação ele quer ao comprar nosso produto?

Quando a missão e a visão estão bem alinhadas, todos ao entorno percebem. Desse modo, clientes internos e externos conseguem compreender os objetivos empresariais.

Utilizando-se de planejamento e técnicas administrativas, as empresas são capazes de chegar aonde desejam. Esse olhar para o futuro, atrelado ao reconhecimento pela excelência de produtos e serviços prestados, é a **visão** empresarial. Todavia, ela pode mudar ao longo da vida da empresa, dependendo do que já alcançou em relação a suas expectativas de futuro.

> Toda organização deve ter uma visão adequada de si mesma, dos recursos disponíveis, do tipo de relacionamento que deseja manter com seus **stakeholders** [clientes] e com os mercados, de como atingirá os objetivos organizacionais, das oportunidades e dos desafios que enfrenta, quais são as forças que a impelem e em que condições ela opera. (Chiavenato, 2014, p. 60)

Se bem alocada, a visão é capaz de colocar uma organização em posição privilegiada em relação à concorrência, podendo se tornar uma referência a ser seguida.

Andrade (citado por Costa, 2008) define que a "visão de uma organização dever contemplar a situação futura desejada a longo prazo, dever [sic] ser uma meta ambiciosa, e servir como um guia para a definição dos objetivos e a realização da missão".

Os **valores** são também conhecidos pelos princípios que a organização traz consigo e faz questão de disseminar a seus funcionários, clientes e fornecedores. Eles remetem aos princípios morais e éticos que guiam o comportamento da organização, estabelecendo uma cultura a ser praticada por todos. Os valores podem ser expressos pelas palavras *ética, comprometimento, qualidade, respeito, pontualidade, honestidade, compromisso, bem-estar, persistência, ousadia, preço justo*, entre outras. Desse modo, visam atrair pessoas e oportunidades em consonância com o que a organização acredita, podendo ser entendidos como as regras do jogo da organização, ou seja, do que ela não abre mão para executar sua missão.

Valores são os princípios e as qualidades intrinsecamente desejáveis para nós; são os ideais abstratos que dão forma a nossos pensamentos e comportamentos. Os valores podem ser classificados como instrumentais e terminais (Megginson; Mosley; Pietri Junior, 1998).

Os valores organizacionais exigem prática constante e análise de todas as operações e os negócios, afirmando se estão dentro das diretrizes éticas preestabelecidas.

A missão, a visão e os valores são considerados as engrenagens necessárias ao desenvolvimento da empresa. O ideal é que os conceitos estejam presentes na rotina dos colaboradores, de maneira clara, motivando-os. Para tanto, muitas organizações utilizam recursos como a internet e a intranet para sua divulgação, além de panfletos e letreiros espalhados no leiaute de diversos setores.

Figura 1.3 – **Missão, visão e valores**

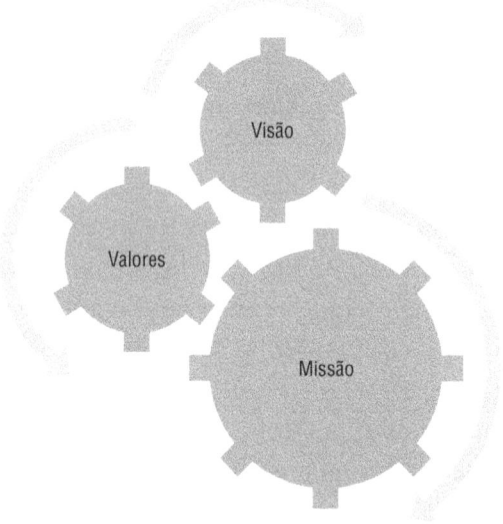

É a visão que orienta os objetivos de investimento, desenvolvimento, trabalho e estratégias para alcançar o sucesso futuro da organização. Segundo Chiavenato (2014, p. 56), "A missão deve traduzir a filosofia da organização, que é geralmente formulada por seus fundadores ou criadores por meio de comportamentos e ações".

A missão, a visão e os valores de uma empresa devem ser definidos de modo que todos os envolvidos no processo de planejamento do negócio, externos e internos, como colaboradores terceirizados, investidores, acionistas, funcionários e fornecedores, compreendam sua importância e sejam motivados a colaborar e colocar em prática essa filosofia.

1.5 Objetivos e estratégias

A busca pela satisfação do cliente é algo essencial à sobrevivência de uma empresa na atualidade. A concorrência tanto direta quanto indireta é ampla e, às vezes, até desleal, pois segue as diretrizes do capitalismo selvagem. É comum nos remetermos à satisfação do cliente em relação à qualidade dos produtos e serviços prestados, porém, em um mundo tecnologicamente globalizado, isso deixou de ser diferencial e tornou-se obrigação das empresas que pretendem manter-se no comércio.

As principais características de um empreendimento são: ter um objetivo bem definido, especificações técnicas, prazo (início e fim bem definidos), orçamento, organização, planejamento e controle centralizados e execução descentralizada. (Martins; Alt, 2009, p. 148)

Ao determinar objetivos e estratégias eficazes para a otimização de recursos tecnológicos, materiais e pessoais, a tendência é que uma empresa atue com a máxima eficiência e vislumbre novas possibilidades de mercado.

Buscando cada vez mais atender à demanda de mercado, com estudos de marketing, as grandes empresas buscam ferramentas que favoreçam as vendas e melhorem o desempenho de suas atividades, gerando diferencial competitivo no mercado globalizado.

O crescimento dos mercados nacional e internacional e o advento das tecnologias de ponta no ambiente industrial elevam a complexidade das operações de marketing. Os desafios do mercado globalizado criam um cenário de indústrias com novas habilidades e estratégias competitivas para garantir a permanência da empresa no mercado.

Para que os objetivos e as estratégias de uma empresa sejam alcançados, é necessária a participação de pessoas comprometidas com o processo. Segundo Chiavenato (2004), *administração* é o processo que utiliza recursos organizacionais, humanos, materiais, financeiros, de informação e de tecnologia para tomar decisões, ou seja, é o ato de trabalhar com e por meio de pessoas para realizar os objetivos organizacionais e de seus membros. Existem quatro funções administrativas utilizadas por administradores: (1) planejar, (2) organizar, (3) dirigir e (4) controlar, sendo o planejamento o mais importante. Ainda de acordo com o autor, "Administração é o processo de planejar, organizar, dirigir e controlar o uso de recursos organizacionais para alcançar determinados objetivos de maneira eficiente e eficaz" (Chiavenato, 2004, p. 283).

A determinação de objetivos claros e precisos é uma das características de maturidade de uma empresa apta a se estabilizar no mercado competitivo. Os objetivos almejados pela organização devem ser estruturados de acordo com as possibilidades, a importância e as necessidades, pois, caso não sejam alcançados, os objetivos se tornam objeto de frustração.

Normalmente, os objetivos são descritos pela alta direção da empresa, em razão da visão estratégica de negócios e de possibilidades de investimentos. É de suma importância que sócios, acionistas e investidores interfiram na estruturação dos objetivos empresariais, facilitando a tomada de decisões e o bom desempenho da organização no mercado competitivo e globalizado.

Qualquer empresa tem como objetivo produzir um produto ou serviço para satisfazer as necessidades dos clientes, obtendo lucros. Para tanto, ela necessita de pessoas comprometidas e com habilidades voltadas à organização, ao controle e ao trabalho em equipe. Dessa forma, as ações desenvolvidas estão alinhadas à eficiência (fazer algo bem e corretamente) e à eficácia (atingir objetivos e resultados).

Conforme Crocco e Guttman (2010, p. 49) "Além de um nome mercadologicamente atraente e das partes do conjunto das compras, todos os produtos apresentam determinadas características, que nesse caso, devem estar bem-definidas para que o cliente possa avaliar com precisão o que está sendo oferecido".

Assim como os objetivos de marketing, os objetivos financeiros devem ser determinados pela organização, a fim de prever quantitativamente os níveis de capital que podem ser investidos em estratégias mercadológicas, bem como o controle dos custos das ações investidas e realizadas. Dessa forma, há ganhos de participação da empresa no mercado, aumento de produtividade e consequente expansão.

Determinados os objetivos, os gestores devem estruturar as estratégias de negócio e os passos para executá-las. Recomenda-se que as empresas desenhem planos alternativos, ou seja, um plano "B" a ser aplicado se necessário; o que pode ocorrer em razão de o plano inicial não ser bem-sucedido ou impedido por diversos fatores internos ou externos à organização.

A função do gestor de marketing é avaliar os objetivos organizacionais traçados e desenvolver estratégias necessárias para alcançá-los. Porém, ele também é responsável pela implantação de tudo o que planejou, portanto, deve ser um profissional prático, que defina os programas e os métodos de trabalho, avaliando os resultados e corrigindo setores e procedimentos que estiverem fora dos parâmetros esperados pelo marketing.

Para que os objetivos e as estratégias de marketing sejam alcançados, muitas vezes, o gestor precisa tomar decisões em prol da realidade e das expectativas do mercado. Segundo Chiavenato (2004), a decisão ocorre sempre que existem duas ou mais alternativas ou formas diferentes de se fazer algo. As decisões são escolhas feitas a fim de se alcançar propósitos e eficiência no processo de tomada de decisão. Ele é medido pelo resultado que se obteve até o momento ou por outras experiências, avaliando se houve ou não o alcance do objetivo esperado. É uma atividade fundamental para as organizações, que acontece o tempo todo em todos os níveis hierárquicos, influenciando diretamente os resultados operacionais da organização. Por isso, esse processo precisa ser bem compreendido e estudado por todos os gestores, em especial os de marketing.

Chiavenato (2004) ainda aponta que o processo decisório é o caminho mental que o administrador utiliza para tomar uma decisão, sendo a tarefa mais característica do administrador. Todavia, decidir não é função exclusiva dos gestores, pois as estratégias e os objetivos consistem não apenas em tomar decisões próprias, mas em providenciar que toda a organização, ou parte dela, possa ter autonomia para tomar decisões de maneira efetiva em prol do sucesso da organização.

Os objetivos mostram, então, aonde a empresa quer chegar, e as estratégias demonstram como alcançar os objetivos. O grande desafio do gestor de marketing é desenvolver estratégias inovadoras em relação à concorrência para o ganho de competitividade, determinando caminhos e escolhas de acordo com as necessidades organizacionais.

As estratégias demandam um profundo entendimento do ambiente interno e externo à organização. Vale ressaltar que nem toda estratégia é assertiva, ou seja, o gestor pode cometer erros no momento de decisão. Nesse sentido, as ferramentas de gestão podem auxiliar. Contudo, o ideal é que a empresa tenha alguma estratégia.

Uma dessas estratégias, segundo Kotler e Keller (2006, p. 50, grifo do original), é a "avaliação global das forças, fraquezas, oportunidades e ameaças [que] é denominada *análise SWOT* (dos termos em inglês *strengths, weaknesses, opportunities, threats*). Ela envolve o monitoramento dos ambientes externo e interno". A análise SWOT é uma ferramenta de gestão e qualidade que auxilia o gestor quanto ao melhor momento para implementar as estratégias desenhadas. É de fácil aplicação e identifica os ambientes interno e externo sob a perspectiva visual, ajudando a empresa a alcançar seus objetivos. Trataremos mais detalhadamente dela no Capítulo 3.

Quando a empresa apresenta muitos pontos fortes, por exemplo, busca novas oportunidades de mercado e negócio. Se necessário, há possibilidade de desenvolver produtos e serviços que atendam às novas demandas.

Quando a empresa apresenta pontos fracos e os reconhece, é possível investir em inovação e no desenvolvimento de novos produtos para ganhar mais valor e obter uma fatia de mercado ainda não explorada.

Como ressaltam Crocco e Guttman (2010, p. 21), "Clientes buscam incessantemente novos produtos e serviços. Cabe às organizações serem criativas para conseguirem se destacar perante os consumidores. Empresas mais criativas tendem a ser mais lucrativas".

No reconhecimento de pontos fracos, a empresa pode utilizar estratégias de sobrevivência, reduzindo custos e investindo em mercados menos lucrativos, por exemplo.

> É evidente que o negócio não precisa corrigir todas as suas fraquezas, nem deve se vangloriar de todas as suas forças. A grande pergunta é se o negócio deve se limitar às oportunidades para as quais dispõe dos recursos necessários ou se deve examinar melhores oportunidades, para as quais pode precisar adquirir ou desenvolver maiores forças. (Kotler; Keller, 2006, p. 51)

Todas as estratégias de marketing devem ser direcionadas aos objetivos organizacionais. A empresa precisa saber aonde quer chegar e desenvolver métodos para tal, bem como definir indicadores para medir a eficácia ou não dos resultados.

Figura 1.4 – **Indicadores**

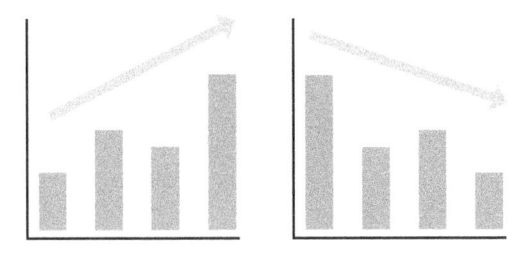

As estratégias, os objetivos e o planejamento de marketing podem ser desenvolvidos de várias maneiras; uma delas é enfocando procedimentos burocráticos no cumprimento de rotinas, o que é pouco eficaz; outra forma é com base em estudos e pesquisas voltados aos clientes e ao mercado. Vale ressaltar que todas essas atividades fazem parte de um processo que não pode ser executado de maneira aleatória, pois ele deve seguir etapas e apresentar começo, meio e fim das ações.

A gestão mercadológica, muitas vezes, consiste em trabalhar em um cenário de incertezas, as quais são minimizadas se estudos e pesquisas pontuais, que favoreçam o planejamento dos profissionais e do marketing, forem realizados.

As estratégias de planejamento permitem que as empresas invistam financeiramente em ações de marketing de modo mais assertivo, seja em publicidade, sejam em propaganda, seja em promoção. Com isso, a consequência é o reconhecimento do mercado, a fidelidade dos clientes e o aumento de lucros.

Thanakorn.P/Shutterstock

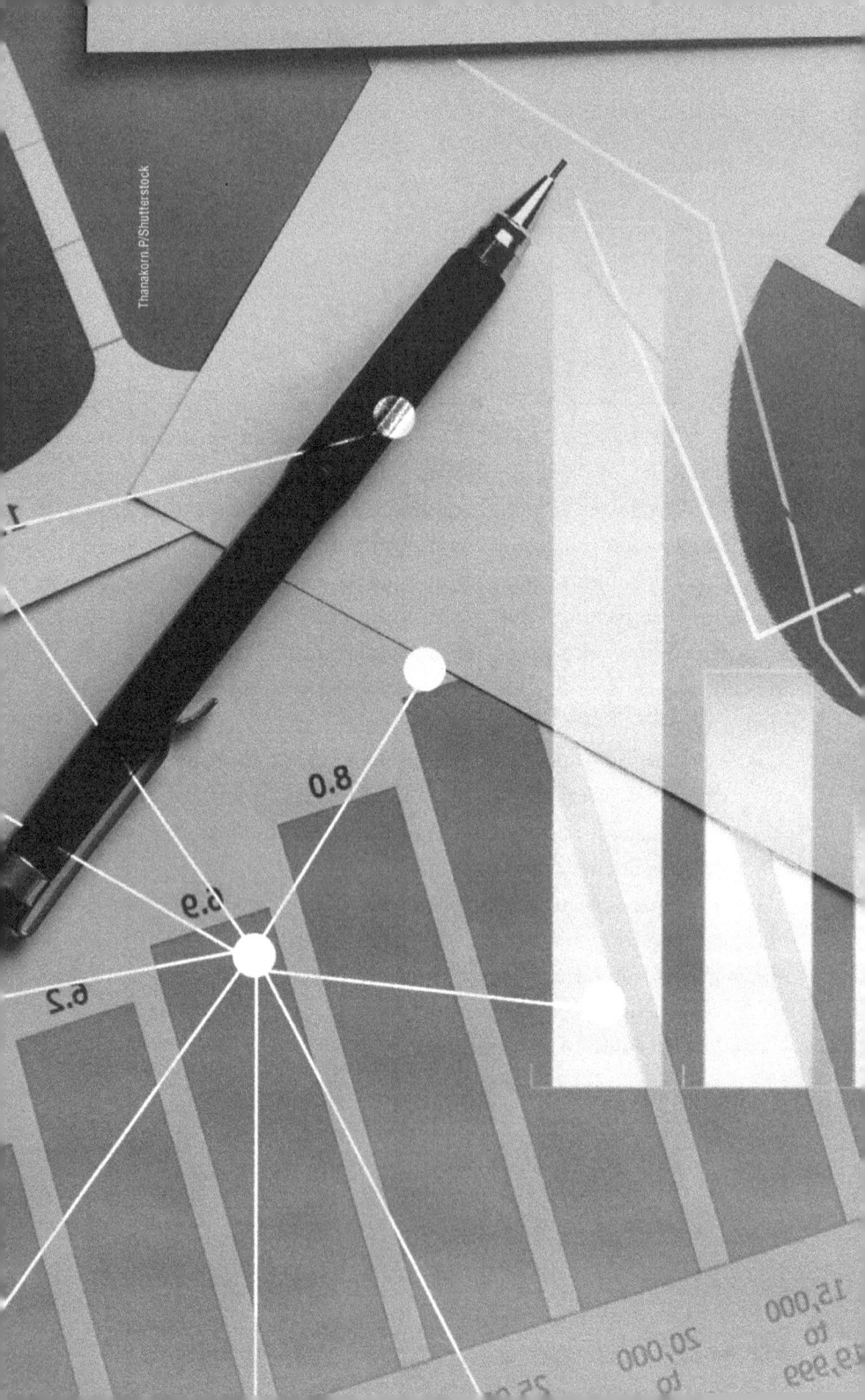

Capítulo 2

ORIENTAÇÕES ESTRATÉGICAS

Você sabia que, historicamente, o conceito de *estratégia* está intimamente ligado à visão militar, definindo-se como a arte de planejar e executar movimentos e operações de tropas? No entanto, *estratégia* também é entendida como a arte de explorar condições favoráveis com a finalidade de alcançar objetivos específicos ou, ainda, como a arte de utilizar adequadamente os recursos físicos, financeiros e humanos para minimizar as ameaças e maximizar as oportunidades.

As empresas contemporâneas entendem que a análise ambiental é fundamental para o entendimento das variáveis que regem o mercado, servindo a uma definição mais assertiva dos objetivos da empresa. Nesse sentido, como ilustra a Figura 2.1, temos um paralelo entre a industrialização e a preservação ambiental: de um lado, há uma indústria com seus processos fabris de produção; de outro, um sistema de reflorestamento incentivado por essa mesma organização para o cumprimento do desenvolvimento sustentável.

Figura 2.1 – **Paralelo entre a industrialização e a preservação ambiental**

De acordo com Paixão (2007, p. 22), "Fatores como influências externas, segmentação, geografia, transformações e tendências futuras, velocidade de crescimento, tamanho e potencial de mercado devem ser pesquisados e monitorados".

Nesse sentido, é possível entender *estratégia* como um conjunto de medidas que visam à vantagem competitiva; e no atual contexto de constantes mudanças no comportamento de consumo, a função de marketing é essencial no planejamento estratégico de uma empresa. Qualquer que seja o negócio, é importante conhecer as necessidades e as expectativas do cliente, a fim de implementar produtos e serviços inovadores no mercado.

> A importância da inovação no processo de desenvolvimento de novos produtos se faz sentir no impacto significativo que causa na estrutura dos mercados, pois agrega valor aos produtos e aos serviços da empresa, de modo a diferenciá-la da concorrência, abrindo novos mercados, aumentando os lucros e o valor da marca. A estratégia competitiva deve estar baseada na competência na qual a empresa é mais forte, a **core competence**. (Paixão, 2007, p. 22)

Para Reis et al. (2010, p. 105), "Muitas empresas reconhecem os benefícios da inovação como forma de sobrevivência no mercado e estão investindo em ações inovadoras, tentando de todas as formas introduzir a cultura de inovação nos seus ambientes".

Quando se fala em *estratégia de marketing*, é necessário, primeiramente, conhecer a própria empresa, os produtos ofertados, o mercado, a concorrência e os consumidores, para, assim, entender qual a melhor tática e em qual momento utilizá-la.

Marketing não é apenas vender e fazer propaganda, mas sim todo um processo de preparar a empresa para que esta esteja apta a aproveitar as melhores oportunidades que surgirem. Definimos o processo de administração de marketing em: analisar as oportunidades; selecionar os mercados-alvo; desenvolver o mix de marketing e gerenciar os esforços de marketing. (Kotler; Armstrong, 1993, p. 26)

As orientações estratégicas de marketing visam causar impacto com os produtos e os serviços lançados no mercado. Isso ocorre por meio do desenvolvimento de ações inovadoras que promovem vendas e, sobretudo, que satisfazem os clientes.

Kotler (2006, p. 7) afirma que "Muitas organizações seguem o conceito de venda, o qual sustenta que os consumidores não comprarão uma quantidade suficiente dos produtos de uma empresa a menos que esta dispense um grande esforço em vendas e promoção".

O vendedor é a pessoa física que está em contato direto com o cliente, cabendo a ele, literalmente, fechar o negócio. Entre as atividades inerentes ao setor de vendas, as mais importantes referem-se às orientações estratégicas, que são: negociar com o cliente; promover a fidelização dele; realizar previsões de vendas, determinando o volume a ser produzido para que a produção não supere ou seja inferior à demanda; fazer constantemente análises sobre o mercado para avaliar seu produto. O setor de vendas também deve saber o que os concorrentes estão vendendo e o que os consumidores desejam para elaborar um plano estratégico de desenvolvimento de seus produtos e/ou serviços sempre que necessário.

Para Paixão (2007, p. 76), "o posicionamento é baseado no diferencial oferecido pelo novo produto ou serviço ao mercado, isto é, são as diferenças significativas que vão distinguir a oferta de uma empresa da oferta da concorrência".

Slack, Chambers e Johnston (2002) defendem que, quando os clientes fazem uma compra, não estão apenas comprando um produto ou serviço, estão comprando um conjunto de benefícios que atendam suas necessidades e expectativas.

No momento da compra, os fatores que mais influenciam os clientes são o preço e a qualidade do produto oferecido. O processo de formação de preços é mais que apenas calcular os custos e acrescentar uma margem de lucro; nele, o maior cuidado é não deixar escapar nenhum item do custo, bem como dos benefícios voltados à qualidade prometida pelas estratégias de marketing. O preço calculado deve satisfazer tanto vendedor quanto cliente, de modo que este não se sinta lesado e desista de prosseguir com outras compras e aquele não amargue o prejuízo da venda em detrimento dos lucros da empresa.

A função comercial ou de vendas é responsável por orientar as estratégias de marketing no planejamento, na direção e na coordenação das atividades relacionadas à comercialização de produtos e/ou serviços da empresa. Por meio dela, a empresa obtém os recursos financeiros necessários a sua manutenção econômica, daí sua importância.

Independentemente de porte ou ramo de atuação, o setor de vendas das empresas e seus profissionais precisam de orientações estratégicas. Em grandes empresas, existe um departamento comercial e outro de vendas, cada um deles dirigido por um gestor. Em muitas delas, há o departamento de marketing, que tem como um de seus objetivos adaptar os produtos e/ou serviços da empresa às necessidades e às preferências dos consumidores. Em pequenas empresas, as atividades relacionadas às áreas comercial, de vendas e de marketing estão concentradas e são coordenadas por um único departamento ou profissional.

"Para que o trabalho do vendedor tenha um bom desempenho é necessário que o profissional tenha algumas características natas (ou adquiridas), um comportamento adequado para vender e técnicas de como abordar o consumidor" (Costa, 2003, p. 81).

As *orientações estratégicas* de marketing são um conjunto de medidas que visam à vantagem competitiva de uma empresa em comparação com outras do mesmo segmento. É possível entendê-las como um somatório de esforços de gestão empreendidos na intenção de **influenciar, encantar, seduzir, conquistar, impactar** e **transformar os clientes**. Para Kotler e Keller (2006, p. 21), "As metas indicam aquilo que a unidade de negócios deseja alcançar e estratégia é um plano de ação para chegar lá".

O gestor de marketing deve constantemente questionar-se sobre **como impulsionar compras** e **criar necessidades e desejos** nos consumidores, fazendo com que seus produtos e serviços vendam automaticamente. Sobretudo, Kotler e Keller (2006) apontam que a **tomada correta de decisões** nem sempre é uma tarefa fácil, todavia é importante, pois define quais características devem compor um novo produto ou serviço, estruturando formas de oferecê-lo aos consumidores, bem como estratégias de venda.

O gestor organizacional, ou gerente, é responsável pelo direcionamento das funções de **apoio estratégico administrativo**, gerindo a equipe, supervisionando os setores de compras, vendas, recursos humanos, produção e finanças, elaborando relatórios gerenciais e conduzindo reuniões de recursos materiais e financeiros para que as atividades sejam desenvolvidas em conformidade com as normas e os procedimentos técnicos necessários.

Conforme Chiavenato (2004, p. 499), "O termo 'gerência' tem sido aplicado geralmente como sinônimo de administração, ou de quem faz administração, seja nas empresas ou em organizações".

Lacombe (2011, p. 181) complementa que:

> Função é uma posição definida na estrutura organizacional, a qual cabe um conjunto de responsabilidades afins e relacionamentos específicos e coerentes com sua finalidade, ao passo que cargo é um conjunto de funções de mesma natureza de trabalho, de requisitos em nível de dificuldades semelhantes e com responsabilidades em comum.

A **estratégia é um modelo de gestão** que necessita de um plano a ser executado e monitorado.

O planejamento estratégico com orientações de marketing, assim, pode ser aplicado tanto a micro e pequenas empresas quanto a multinacionais. O plano deve ser revisto sempre que necessário, pois as orientações servem de roteiro para a empresa, que pode sofrer interferências internas e externas por oscilações de mercado, independentes de sua vontade.

> Um dos principais desafios enfrentados por você, empresário de empresas de pequeno porte, é estabelecer uma prática de formulação e análise de preço que seja confiável, contabilize todos os custos e despesas envolvidas neste processo e que torne sua organização mais competitiva e lucrativa.

Além do retorno sobre os investimentos, os preços também vão proporcionar crescimento e perenidade ao negócio (Resende, 2013, p. 14).

As orientações estratégicas contribuem para o crescimento da empresa por meio de ações visíveis como publicidade e propaganda, que são os braços do *mix* de marketing, ou **quatro "ps"**: (1) produto, (2) praça, (3) ponto e (4) promoção, conforme é possível observar na Figura 2.2.

Figura 2.2 – **Quatro "ps"**

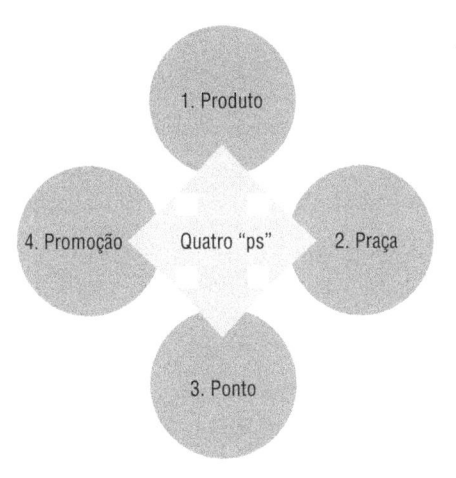

Dentro do *mix* de marketing ou quatro "ps", há outros serviços estrategicamente utilizados, como propaganda, determinação de preço, definição do ponto ou da praça e estratégias de promoção, como descrito a seguir, e tais elementos são importantes para a apresentação do produto ou serviço ao cliente.

- A **propaganda** é uma ferramenta da promoção que pode ser utilizada no atendimento ao cliente ou a um grupo de clientes específicos.
- A **determinação estratégica do preço** do produto ou do serviço é fundamental para a entrega de valor ao cliente. Isso não significa apenas o valor monetário, mas também a qualidade e os benefícios comercializados.
- A definição de **ponto ou praça** consiste na definição, pelo marketing, de como os produtos ou serviços chegarão às mãos do cliente.
- As **estratégias de promoção** são os atos de comunicação com o cliente.

As orientações estratégicas de marketing devem ser decisivas e eficientes, por isso, o primeiro passo é determinar o público-alvo da empresa, realizando a segmentação de mercado com base em dados demográficos, geográficos, psicográficos, comportamentais de compra e beneficiais. Nesse sentido, Paixão (2007, p. 89) destaca:

> No produto ou serviço desenvolvido, todas as estratégias devem ser descritas: características, benefícios oferecidos, marca e **slogan**, qualidade, garantias, **design**, rótulo, embalagem, conteúdo, formas de uso/cuidados, linha de produtos, serviços oferecidos, atendimento e demais especificidades que garantam a satisfação do público-alvo da empresa.

As orientações estratégicas de marketing fazem parte do projeto de vendas de determinado produto ou serviço. Nesse projeto, ocorrem, entre outros elementos, as orientações para a seleção dos meios de comunicação mais adequados a cada situação de venda, como as mídias digitais utilizadas para atingir o público-alvo, as atividades de propaganda – divulgação paga em TV, rádio, jornal e internet – e publicidade – divulgação por meios não pagos, por exemplo: reportagem sobre a empresa; promoção de vendas com a utilização de cupons, sorteios, brindes, prêmios, descontos, ações do tipo "pague um, leve dois"; práticas nas quais o cliente pode manusear, provar ou degustar o produto, o que estimula a compra.

A venda pessoal também é bastante utilizada como orientação estratégica de marketing, sendo um momento em que o profissional precisa estar bem preparado para o atendimento, pois existe contato direto com o cliente.

> Composto mercadológico pode ser definido como sendo a seleção de fatores que uma empresa resolve adotar para alcançar seus objetivos de mercado dentro de um prazo determinado. Os elementos do composto mercadológico são os seguintes: Produto (custo, especificações, marca, embalagem, rótulo, garantia, assistência técnica e serviço de pós-venda); Preço (determinação, política, crédito e financiamento); Distribuição (canais, controle, transporte, armazenagem, risco e prazo de entrega); e Comunicação (publicidade, propaganda, promoção, treinamento da força de venda e relações públicas). (Costa, 2003, p. 191)

2.1 Análise ambiental: macroambiente social e político

Para entender melhor o consumo dos clientes, o profissional de marketing deve estudar os conceitos de macroambiente e ambiente da empresa em suas interferências sociais e políticas que circundam as oportunidades de negócio.

O **macroambiente** envolve todo o ambiente externo à empresa, o qual ela não pode controlar, mas sim exercer algum tipo de interferência, sendo ele o objeto de estudo do marketing.

Figura 2.3 – **Macroambiente**

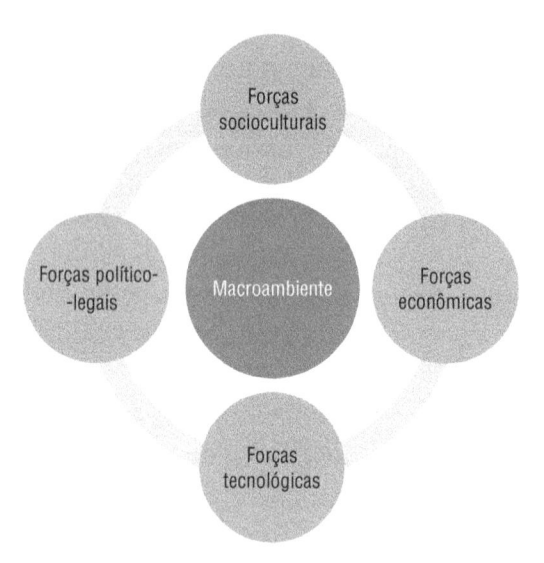

Fonte: Elaborado com base em Palmer, 2006.

De acordo com Palmer (2006), o macroambiente é composto pelas forças econômicas, político-legais, socioculturais e tecnológicas existentes no ambiente. Essas forças estão afastadas da organização, mas impactam diretamente seu desempenho e seus clientes.

A **teoria macroeconômica** estudada pelo marketing é formada pelos grupos familiares, empresariais, governamentais e empresariais externos ou multinacionais. Esses agentes interferem no processo de compra e venda de acordo com as oscilações do ambiente, além de sofrerem mudanças de caráter comportamental, social e político.

Figura 2.4 – **Teoria macroeconômica**

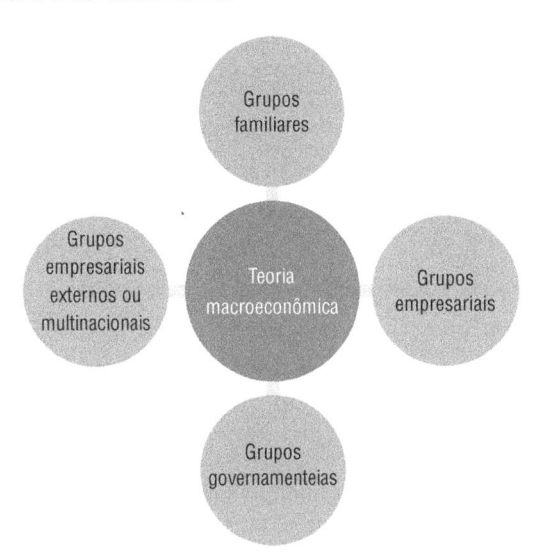

```
                    Grupos
                   familiares

   Grupos
  empresariais         Teoria            Grupos
  externos ou      macroeconômica      empresariais
  multinacionais

                     Grupos
                 governamenteias
```

Com base nesse entendimento, é possível estimar as preferências de consumo dos indivíduos nas diversas possibilidades de compra, direcionando o negócio das organizações com mais assertividade. Para Gonçalves (2011, p. 50), "O negócio, portanto, corresponde ao ramo específico de mercado atendido pela organização".

Do ponto de vista do marketing, o **ambiente** remete a mercado e a seu espaço físico onde são efetuadas vendas, locações e trocas de bens e serviços. Segundo Hawken, Lovins e Lovins (2007, p. 6), o "progresso econômico futuro tem melhores condições de ocorrer nos sistemas de produção e distribuição democráticos baseados no mercado, nos quais todas as formas de capital sejam plenamente valorizadas, inclusive o humano, o industrial, o financeiro e o natural".

Desse ambiente, emergem os conceitos de oferta (pelos vendedores) e demanda (pelos compradores), cujos estudiosos de marketing devem estar constantemente inseridos, pois quaisquer oscilações interferem diretamente no comportamento dos clientes e no padrão de vendas.

No cenário atual, quando falamos em mercado, referimo-nos a todo o ambiente macroeconômico em suas esferas socioeconômicas e políticas. O cenário econômico é regido pelas tendências de preços de matérias-primas, produtos e serviços, bem como pela inflação (aumento contínuo e generalizado dos preços), pela deflação (queda dos preços de venda) e pelas políticas monetárias e fiscais nacionais e internacionais.

Do ponto de vista ambiental, as esferas econômicas e políticas, por exemplo, são difíceis de se controlar, mas afetam diretamente o consumo das pessoas. A política e a economia podem sofrer alterações legais, nas quais o Governo Federal toma decisões que podem aquecer ou esfriar o consumo.

Observe o Quadro 2.1, que descreve os macroambientes social e político de acordo com suas variáveis.

Quadro 2.1 – **Macroambiente e variáveis**

	Variáveis
Macroambiente social	Estrutura socioeconômica; percentual da população pertencente a cada segmento socioeconômico; condições de vida de cada segmento (moradia etc.); estrutura de consumo de cada segmento; estilo de vida de cada segmento: tendências; sistema de valores de cada segmento.

(continua)

(Quadro 2.1 – conclusão)

	Variáveis
Macroambiente político	Partidos políticos; sindicatos; instituições religiosas; forças armadas; associações de classe; empresas multinacionais; empresas estatais; ministérios; secretarias de estado; Poder Legislativo; Poder Judiciário; Poder Executivo; regime de governo; política monetária; política tributária; política de distribuição de renda; política de relações externas; legislação (federal, estadual, municipal); política de estatização; política de segurança nacional.

Fonte: Elaborado com base em Vasconcellos Filho, 1979.

Observe, agora, o Quadro 2.2, que descreve os graus de relevância do ambiente nas organizações de acordo com seu porte.

Quadro 2.2 – **Grau de relevância do ambiente nas organizações**

Organizações	Grau de relevância		
	Elevado	Médio	Reduzido
Empresa multinacional	Macro-operacional interno	–	–
Grande empresa nacional	Macro-operacional interno	–	–
Média empresa	Operacional interno	Macro	
Pequena empresa	Operacional interno	–	Macro
Microempresa	Operacional interno		Macro

Fonte: Vasconcellos Filho, 1979, p. 116.

É no ambiente físico que as empresas nacionais, de pequeno, médio e grande portes e até mesmo as multinacionais, por meio de seus pontos de venda – lojas, feiras, supermercados, entre outros –, instalam-se e entram em contato com o ambiente de mercado, efetuando as vendas para seus clientes.

> Antes de lançar um novo produto no mercado, a empresa deve identificar se o mercado é suficientemente grande para esse processo e se haverá lucros. É preciso mensurar a demanda do novo produto, ou seja, medir e prever o tamanho, os níveis de crescimento e o potencial de lucro do mercado. Após esse trabalho, é possível prever as vendas. (Paixão, 2007, p. 73)

Todavia, o mercado está migrando cada vez mais para o ambiente virtual, com as vendas sendo consolidadas *on-line*, pela internet, e entregues pelos serviços de correios, aplicativos e transportadoras. Frente a tantas mudanças, cabe ao marketing inovar na arte de surpreender o cliente, pois, um "dos principais meios para conseguir vantagem competitiva de acordo com as necessidades do mercado é a inovação" (Reis et al., 2010, p. 42).

O marketing deve considerar que, ao adquirir um produto, o consumidor busca o reconhecimento de mercado pela marca e pela aceitação da sociedade, uma vez que o posicionamento de uma marca pode ser símbolo de ascensão.

Vieira (2008) aponta que a marca deve estar impregnada de ideologia (conjunto de crenças que estabelece uma conduta), ou seja, devem existir valores e princípios que a sustentam para que as pessoas que gravitam em torno dela acreditem neles e os tomem como compromisso de conduta, contribuindo na formação de um conceito coerente com seus propósitos.

Os profissionais de marketing buscam consolidar suas relações com os clientes por meio da interação com o ambiente e da imagem da empresa, estimulando a demanda. Alguns consumidores, por sua vez, na aquisição de marcas de produtos, buscam construir imagens no ambiente em que interagem para consolidar seu *status*.

A imagem de uma empresa deve ser composta de nome, logotipo e marca, preferencialmente de uma ou mais cores e com uma arquitetura gráfica que remeta ao produto ou ao serviço e, consequentemente, ao consumo. A comunicação deve ser coerente com a imagem e com uma linguagem adequada a todos os momentos de uso, de modo a atingir o consumidor (Petit, 2010).

O uso da colorimetria é fundamental para a comunicação e a consolidação da marca de acordo com o ambiente onde ela está inserida. Para Barros (2009), as cores que a compõem são uma ferramenta poderosa na transmissão de ideias, atmosferas e emoções, podendo captar a atenção do público de maneira forte e direta, sutil ou progressiva.

Sobre os impactos das cores no ambiente, Sant'Ana, Rocha Junior e Garcia (2016) apontam que a cor tem uma ação estimulante entre os indivíduos e eficiência em reter sua atenção. As cores, desde que adequadas, formam uma atmosfera agradável e apropriada ao espírito da mensagem ou ao próprio produto, pois, como dito, têm o poder de evocar sentimentos e sensações.

Em razão de seu poder de encantamento e da credibilidade adotada, a marca pode impulsionar a *lei de oferta e demanda*, que pode ser entendida pelos estudiosos de economia como a procura ou a quantidade de determinado bem ou serviço que um indivíduo ou grupo está disposto a comprar em dado espaço de tempo.

Contudo, a **demanda** pode ou não se realizar. Em alguns casos, ela pode ser apenas uma previsão futura, pois é dependente do comportamento do indivíduo e das oscilações do mercado, que, muitas vezes, sofre interferências de caráter econômico e político. Já a **oferta** diz respeito à quantidade de bens ou serviços que determinado grupo ou serviço está disposto a oferecer ao mercado em um espaço de tempo. A oferta também pode ser individual ou agregada, podendo ou não se realizar de imediato, ou fazer parte de um planejamento futuro a médio e longo prazos.

Com os estudos que remetem à oferta e à demanda, o ambiente de mercado tende a buscar uma estabilização, conhecida na literatura da área como *ponto de equilíbrio*, isto é, o momento em que as quantidades demandadas se equivalem às quantidades ofertadas. Essa busca justifica-se na não ocorrência de excessos de produção, de modo a não acarretar aumento nos níveis de estoque e, assim, gerar prejuízos organizacionais.

O **ponto de equilíbrio**, portanto, auxilia o planejamento de marketing e as tomadas de decisão. Leone (2000, p. 427) aponta que,

> com o auxílio do ponto de equilíbrio, é possível tomar decisões quanto a: aumento ou diminuição no preço das vendas, alterações nas combinações de produtos, modificações nos estoques finais de produtos acabados, aumento ou diminuição dos custos variáveis e fixos, análise dos lucros quando o custo fixo varia por etapas.

Todas as informações pertinentes à oferta, à demanda e ao ponto de equilíbrio são de suma importância para os **pontos de venda**, áreas fim do marketing representadas pelos profissionais vendedores, cujos objetivos devem estar alinhados aos objetivos estratégicos da empresa, visando melhorar o atendimento ao cliente. Por sua vez, quem efetua a compra deseja obter mercadorias e serviços em quantidade e qualidade necessárias ao menor custo, garantindo o melhor serviço possível e, de preferência, à pronta entrega. Nesse sentido, é necessário desenvolver e manter boas relações para efetuar novos negócios.

A administração de marketing representa todo esse esforço nas vendas, já que atrai profissionais ao mercado de trabalho, prepara-os, adapta-os, desenvolve-os e incorpora-os de maneira permanente ao esforço mercadológico.

Lacombe (2011, p. 20) aponta que

> a sobrevivência e o progresso de uma empresa, independentemente de seu tamanho ou ramo de atuação, dependem, em grande parte, de sua capacidade de atrair, selecionar, treinar e posicionar corretamente, no presente, as pessoas, sobretudo em marketing, os vendedores, com potencial para atuar com presteza no tempo presente e, no futuro, fazer parte da alta administração da empresa, assumindo ainda mais responsabilidades e agindo na liderança de equipes integradas.

Figura 2.5 – **Análise ambiental**

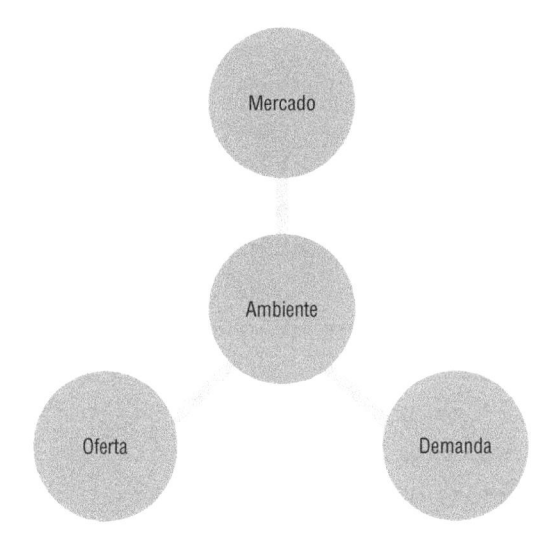

Muitas empresas trabalham com o setor de vendas partindo do pressuposto de que os consumidores não comprarão uma quantidade suficiente de produtos a menos que a empresa dispense grande esforço em vendas e promoção, justificando os estudos de marketing.

Então, entre as funções do marketing em uma organização, algumas são: determinar quais produtos ou serviços causaram interesse nos consumidores, quais as melhores estratégias a serem utilizadas pelo setor de vendas e quais as ferramentas de comunicação devem ser utilizadas para o desenvolvimento do negócio. Assim, para Kotler e Armstrong (1993, p. 26),

> Marketing não é apenas vender e fazer propaganda, mas sim todo um processo de preparar a empresa para que esta esteja apta a aproveitar as melhores oportunidades que surgirem. Definimos o processo de administração de marketing em: analisar as oportunidades; selecionar os mercados-alvo; desenvolver o mix de marketing e gerenciar os esforços de marketing.

O mercado contemporâneo oferece inúmeras possibilidades de consumo, com diversidade, qualidade e inovação de produtos, objetivando melhor atendimento ao cliente. Por isso, para Chiavenato (2004, p. 26), "qualidade tem vários significados, dentre eles qualidade é o atendimento das exigências do cliente".

As atividades abrangidas pela análise do macroambiente são bastante amplas, uma vez que vão desde o estudo de mercado e a definição de uma estratégia até a publicidade, as vendas e a assistência pós-venda. Cabe também ao marketing, em consonância com o macroambiente, criar estratégias para fortalecer a marca da empresa, identificar novas oportunidades de mercado, gerar valor no produto e satisfazer ao cliente.

Um objetivo importante da avaliação ambiental é o reconhecimento de novas oportunidades. Sob muitos aspectos, um bom marketing é a arte de encontrar, desenvolver e lucrar a partir de oportunidades. Uma oportunidade de marketing existe quando a empresa pode lucrar ao atender às necessidades dos consumidores de determinado seguimento. (Kotler; Keller, 2006, p. 50)

Com o estudo do ambiente, a empresa determina seu produto: características, nome, qualidade, forma, embalagem, tamanho, preço de venda, forma de pagamento, onde e como será transportado, estocado e comercializado, quais as formas de divulgação e quais os canais e os meios utilizados para a promoção etc.

Diversas são as discussões sobre o conceito de macroambiente, bem como de todos os elementos que o compõem. O Quadro 2.3 apresenta uma síntese das várias dimensões de macroambiente sob a visão de estudiosos dessa área.

Quadro 2.3 – **As dimensões do macroambiente segundo diversos autores**

Autor	Dimensões do macroambiente
Thomas (1974)	Social, política, reguladora, econômica e tecnológica
Fahey e King (1977)	Econômica, política, reguladora, social, cultural, tecnológica, energética, mercadológica/industrial e financeira
Preble, Rau e Reichel (1988)	Legal, econômica, política, competitiva, tecnológica e cultural
Ginter e Duncan (1990)	Social, econômica, tecnológica e política/reguladora
Ginter, Duncan e Capper (1991)	Econômica, política, social, tecnológica e regional
Ginter et al. (1992)	Legal, econômica, política, competitiva, tecnológica e cultura
Costa (1995)	Política, econômica, social e tecnológica – Pest
Leonidou (1997)	Física, demográfica, sociocultural, econômica, política/legal e tecnológica

(continua)

(Quadro 2.3 – conclusão)

Autor	Dimensões do macroambiente
Ngamkroeckjoti e Johri (2000)	Econômica, sociocultural, política, ecológica e tecnológica social, política, reguladora, tecnológica e econômica
Fleisher e Bensoussan (2002)	Social, tecnológica, econômica, ecológica e política ou legal – Steep
Walsh (2005); Johnson, Scholes e Whittington (2005)	Política, econômica, sociocultural, tecnológica, ambiental (*environmental*) e legal – Pestel
Boiral (2006)	Econômica, política/reguladora, social e científica/tecnológica

Fonte: Talamini; Dewes, 2009, p. 420.

No que tange aos aspectos sociais e políticos para o planejamento estratégico de marketing e à tomada de decisões, é de suma importância o levantamento de todos os fatores que interferem no cenário macroambiental.

2.2 Análise ambiental: macroambiente tecnológico, econômico e natural

Desde os primórdios da civilização, a sociedade passou por diversas transformações ambientais que alteraram o modo de vida e os padrões de consumo da sociedade. A mais expressiva mudança para o marketing, a Revolução Industrial, foi essencial para a evolução tecnológica do ambiente e ressignificou a transformação e a inserção de bens e serviços, tornando-os cada vez mais significativos ao consumidor no mercado. A Revolução Industrial alterou os processos tecnológicos e as formas de produção, sobretudo na estrutura organizacional e nas relações de trabalho, provocando mudanças nas relações sociais, principalmente em relação às formas de consumo.

Com todas essas transformações macroambientais, o cliente ficou cada vez mais distante da aquisição de produtos e serviços em seu estado natural.

O grande desafio na diferenciação da prestação de serviços é que a maioria das inovações pode ser copiada rápida e facilmente. A instituição que faz as pesquisas com regularidade e introduz inovações contínuas pode obter uma sucessão de vantagens temporárias sobre seus concorrentes, ganhando reputação de inovadora, podendo conquistar clientes que optam pelo melhor serviço. (Paixão, 2007, p. 56-57)

No cenário de consumo atual, os bens comercializáveis agregam cada vez mais valor ao cliente e são desenvolvidos por **estratégias inovadoras**, que envolvem todas as possibilidades de consumo e são utilizadas para inibir a concorrência.

"O homem, dentre todos os seres vivos, é o único a produzir sua existência. Fazendo-o livremente, graças à escolha consciente dos meios a empregar, dos caminhos a seguir, está obrigado a inventar" (Pinto, 2013, p. 149).

As necessidades advindas das evoluções socioeconômicas da sociedade pós-moderna exigem das empresas práticas de produção e desenvolvimento de serviços com uso da tecnologia, em uma constante transformação e inovação dos bens e serviços utilizados pela sociedade, a qual, por sua vez, conta com cada vez mais informação e conhecimento advindos dos diversos meios de comunicação, principalmente a internet. Pinto (2013, p. 149) afirma que "a palavra 'tecnologia' é usada a todo momento por pessoas das mais diversas qualificações e com propósitos divergentes".

O capital intelectual das pessoas desenvolvido nos últimos anos vem avançado e gerando ótimas oportunidades para as organizações se reinventarem. No mercado moderno, as empresas buscam cada vez mais especialização para atender às inúmeras possibilidades de consumo da sociedade tecnologicamente modificada e, acima de tudo, detentora de informação.

Segundo Pinto (2013, p. 304),

> o progresso tecnológico representa um fenômeno social que abrange todas as regionalidades e classes sociais. As áreas organizacionais que agora ostentam os mais altos padrões de consumo não o realizaram por iniciativas isoladas, eventuais e desconexas, mas por um movimento ordenado, num conjunto de ascensão cultural obtido ao longo dos últimos anos, origem do estado presente dos padrões da sociedade que possuem cada vez mais conhecimento e informação.

As discussões recentes sobre as novas demandas da sociedade focada no conhecimento foram muitas, emergindo ao caráter técnico e tecnológico. Nesse contexto, as empresas cada vez mais podem e devem produzir e comercializar informações da mesma forma que fazem com os produtos.

De acordo com Masuda (1982, p. 18), a *sociedade da informação* "é uma sociedade que cresce e se desenvolve em torno da informação, levando a um estado geral de florescimento da criatividade intelectual humana, ao invés de um copioso consumo material". E esse aspecto muda o entendimento do homem em relação ao consumo.

> Organizações são constituídas de relações coordenadas cognitiva e intencionalmente, para produzir determinados bens. Se a organização estiver apenas centrada no aspecto intencional, tem-se a gestão tradicional, com sua ênfase no planejamento e controle. Se ela estiver centrada no aspecto cognitivo, tem-se os novos modelos de gestão, com sua ênfase no uso e permanente renovação do conhecimento. Por um lado, essa cognição relacional é incorporada pela organização, transformando-se na sua estrutura. Por outro lado, essa cognição se estende para o ambiente externo, requerendo um permanente processo de prospecção do ambiente, através do qual a organização constrói o sentido de sua existência e se renova a cada dia. (Drucker, 1994, p. 61)

O consumidor moderno é regido por forças ambientais que modificam seus padrões de comportamento e favorecem o aumento do consumo consciente e ordenado. Os ambientes familiares, por exemplo, estão cada vez mais tecnológicos, atraídos pela informação que os leva à inovação, favorecendo determinadas marcas e nichos de mercado (segmento, corte ou parte de um mercado), segmentados pelos padrões da sociedade.

Leff (2010) aponta que certamente as aplicações práticas da ciência e do progresso tecnológico têm sido orientadas pelas demandas da racionalidade econômica dominante.

É preciso considerar que cada produto possui um ciclo de vida diferente e, com isso, apenas seu lançamento não é uma garantia de consolidação no mercado. De modo geral, quando um produto atinge a fase de maturidade, deixa de ser atrativo ao consumidor por diferentes fatores, entre eles a concorrência, que coloca no mercado produtos paralelos, similares ou até melhores.

Assim, o marketing deve analisar as demandas do ambiente, realizar pesquisas e partir para novas estratégias que renovem o ciclo de vida do produto, reinventando-o em segmentos como o *design*.

2.3 Análise ambiental: macroambiente empresa, concorrentes e clientes

As *empresas* são pessoas jurídicas que direcionam esforços materiais, financeiros e pessoais para construir imagens sólidas em relação à idoneidade de seus produtos ou serviços prestados. Apesar de essa tarefa parecer simples, grande parte das empresas, em especial no Brasil, encontra dificuldades para atender seus clientes satisfatoriamente e manter sua imagem sem rasuras. Isso ocorre pela "incessante busca da sobrevivência organizacional numa economia de mercados globais [que] faz com que as organizações adotem posturas específicas que oportunizem melhores resultados, melhor desempenho organizacional" (Souza; Abbade; Zanini, citados por Vicente et al., 2016, p. 145).

As empresas, independentemente de seu porte ou ramo de atuação, devem se preocupar em como lançar seus produtos e serviços no mercado, cumprindo sua missão organizacional e atingindo seus objetivos.

Nesse sentido, os estudos que levam à compreensão do macroambiente nos aspectos empresariais, de concorrência e de seus clientes são fundamentais para o sucesso e a consolidação das empresas no mercado.

No macroambiente que circunda o marketing, os principais agentes mercadológicos são:

- **Mercado consumidor** reúne empresas que comercializam em massa e buscam constantemente fortalecer sua imagem, posicionando-se com vantagem competitiva frente aos concorrentes.
- **Mercado organizacional** engloba empresas que adquirem produtos para os revender com lucro.
- **Mercado global** compreende empresas que executam negócios externos via exportação.
- **Mercado sem fins lucrativos** abrange empresas e organizações que compõem o terceiro setor e órgãos governamentais, como creches, escolas, igrejas, instituições de caridade, entre outras.

O marketing como atividade social abrange não só empresas comerciais, mas também entidades sem fins lucrativos – instituições públicas ou privadas envolvidas no provimento de uma oferta de mercado, sem a finalidade de obter lucro, a rigor, organizações prestadoras de serviços –, que se utilizam de marketing mesmo sem estarem cientes disso (Guimarães, citado por Vicente et al., 2016). Na esfera macroambiental, emerge o conceito de **concorrência**, considerado um dos maiores desafios do marketing, contudo de suma importância para o aumento da competitividade, que reflete na elevação da qualidade de produtos e serviços em razão de maior empenho em pesquisa e desenvolvimento.

O profissional de marketing deve se preocupar com a concorrência atual, porém com o olhar voltado para o futuro, para as possíveis mudanças do ambiente, planejando estrategicamente novas ações, de modo a obter vantagem competitiva.

A vantagem competitiva pode ser obtida dos seguintes modos: toda vez que houver inovação em produtos e serviços, deixando-os difíceis de se imitar; com a concessão de benefícios maiores que os da concorrência; com a adaptação dos produtos e serviços às mudanças e às necessidades do mercado. Paixão (2007, p. 85) destaca que: "No processo de desenvolvimento de novos produtos, a instituição deve considerar esses aspectos e até fazer deles seu diferencial. O objetivo não é somente satisfazer as necessidades dos consumidores, mas também proporcionar, de forma sustentável, seu bem-estar e o da sociedade".

Amato Neto (2011) aponta que, em seu conceito inicial, a sustentabilidade abrangia exclusivamente a característica ecológica do planeta, focando a preservação dos recursos naturais, da fauna e da flora. Em seguida, a evolução desse conceito acarretou uma expansão, incluindo todo o macroambiente social e econômico.

No macroambiente de competitividade, emergem ainda dois conceitos fundamentais: (1) concorrência direta e (2) concorrência indireta. Basicamente, a **concorrência direta** é aquela que comercializa produtos ou serviços afins, similares ou equivalentes a seus pares; e a **concorrência indireta** é aquela que comercializa produtos e serviços similares, porém não iguais a seus concorrentes.

Braga (2010) aponta que *concorrentes diretos* são aqueles que têm forma de atuação e porte semelhantes. Para o sucesso do marketing, as ações atuais e futuras desses concorrentes devem sempre ser controladas, monitoradas e, quando possível, antecipadas.

Com base em conceitos apresentados por Ferrell et al. (2000), as empresas enfrentam ainda outros quatro tipos de concorrentes: (1) de marca, que vendem produtos com características, benefícios e preços similares; (2) de produto, que competem na mesma classe de produtos, mas com características, benefícios e preços diferentes; (3) genéricos, que vendem produtos muito diferentes, mas que satisfazem a mesma necessidade básica a preços inferiores; e (4) de orçamento, que competem pelos recursos financeiros limitados dos mesmos concorrentes.

Uma vez determinado o mercado e as possibilidades de concorrência, o marketing precisa se posicionar em relação ao mercado ou público-alvo, desenvolvendo estratégias voltadas ao nicho que deseja atuar. "O posicionamento cria uma razão convincente para o mercado-alvo comprar um produto" (Paixão, 2007, p. 77).

O cliente espera adquirir produtos e serviços com qualidade e preço justo. Kotler e Keller (2006) apontam que, se o desempenho fica aquém das expectativas, o cliente fica insatisfeito e desapontado; se o desempenho alcança as expectativas, ele fica satisfeito; e se o desempenho supera as expectativas, o cliente fica altamente satisfeito.

Figura 2.6 – **Expectativas do cliente**

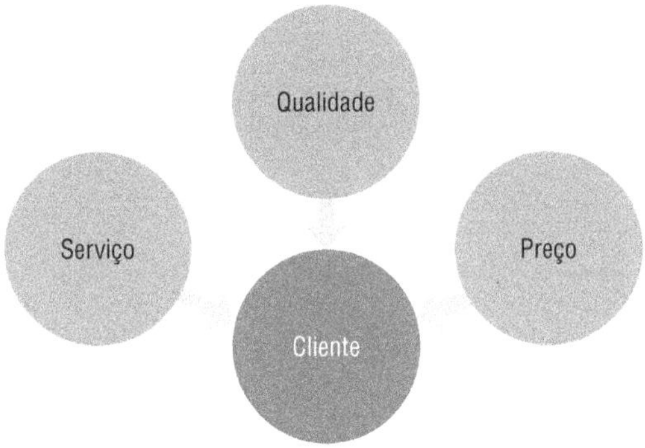

Fonte: Elaborado com base em Kotler; Keller, 2006.

Os clientes são o grande alvo das empresas, e muitas delas compõem o mercado com características próprias de consumo. Para a maioria das empresas, fica sob a responsabilidade do marketing aproximar o público-alvo, fornecendo produtos e serviços que provoquem a satisfação e gerem necessidade de novas aquisições, fidelizando o cliente à marca e à empresa.

Champ008/Shutterstock

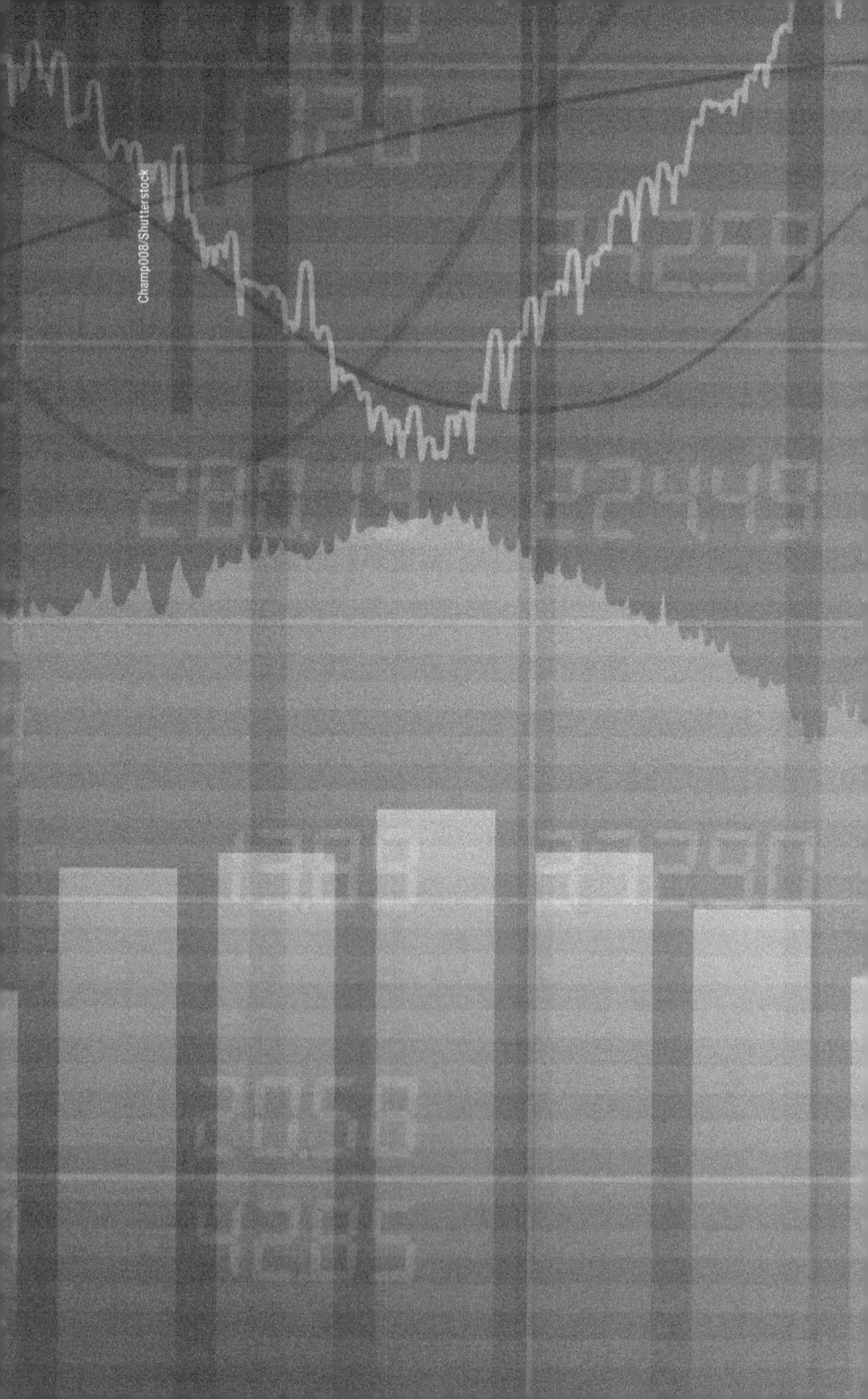

Capítulo 3

PREVISÃO DE VENDAS

O sucesso de vendas depende de diversos fatores internos e externos à organização, entre eles a capacidade de planejamento dos gestores de marketing na atuação estratégica conjunta com os diversos setores da administração, como a produção e a logística. Essa ação em conjunto é necessária para que não se percam oportunidades de mercado acarretadas pela falta de produto, causando a frustração do cliente. Cobra (2009, p. 176) aponta que "identificada uma oportunidade de mercado é preciso observar se o produto a ser desenvolvido pode efetivamente ser a solução para atender necessidades e expectativas existentes".

Figura 3.1 – **Sucesso em vendas**

Para Paixão (2007, p. 37), "se os indivíduos possuem desejos e necessidades, então produtos são qualquer coisa disponível para atender a esses desejos e necessidades".

As empresas devem realizar sua previsão de vendas baseada em estudos pontuais e em dados de meses ou anos anteriores. Com base nesses dados, segue-se para o planejamento, de modo que a programação das atividades industriais tenham um sistema de produção contínuo, o qual transforme os insumos (energia, matéria-prima, máquinas, equipamentos, mão de obra etc.) em produtos ou serviços acabados para satisfazer às necessidades de consumo dos clientes.

Figura 3.2 – **Previsão de vendas**

O planejamento auxilia os gestores da administração da empresa a mapear os cenários futuros e gerenciar as informações, as quais podem ser utilizadas para desenvolver estratégias e extrair melhor desempenho e resultados para a empresa. Segundo Kotler e Keller (2006, p. 41, grifo do original), o "**plano de marketing** é o instrumento central para direcionar e coordenar o esforço de marketing. [...]

O **plano de marketing estratégico** estabelece os mercados-alvo e a proposta de valor que será oferecida, com base em uma análise das melhores oportunidades de mercado".

Todavia, o marketing se planeja de acordo com a previsão de demanda realizada com base na variação de compras e vendas dos meses e anos anteriores. Nessa perspectiva, Ballou (2001) complementa a abordagem do tema, definindo que são resultados da variação da demanda elementos que interagem com o tempo, como crescimento ou declínio de taxas de procura por produtos e serviços, sazonalidades e flutuações gerais causadas por diversos fatores ambientais. Conforme Paixão (2007, p. 30), "o mercado potencial é a capacidade de demanda de um mercado por um determinado bem, ou seja, é a capacidade de vendas que um mercado pode suportar".

Observe a Figura 3.3, que ilustra a necessidade dos insumos, os quais, junto ao processamento de matérias-primas, resultam em produtos e serviços ao consumidor.

Figura 3.3 – **Insumos *versus* produto ou serviço**

| Insumos | Produto ou serviço |

Toda empresa faz uso de recursos físicos e materiais e os aloca em uma série de etapas, conhecidas na literatura como *processos*. É na comunicação com o marketing que ocorre o gerenciamento da produção, em que se define quantidades de matéria-prima e energia ou informação em bens ou serviços acabados por meio de atividades de planejamento, programação, coordenação e controle de produção. Essas funções estratégicas resultam em produtos e serviços oriundos da previsão de vendas. Observe, na Figura 3.4, a necessidade de gerenciamento de produção para a transformação de produtos e serviços fornecidos ao cliente.

Figura 3.4 – **Gerenciamento de produção**

Produtos

Gerenciamento de produção

Serviços

Kotler e Keller (2006, p. 40) explicam que "uma administração de marketing bem-sucedida requer determinadas capacidades, como entender o valor para o cliente, criar valor para o cliente, entregar valor para o cliente e sustentar valor para o cliente".

A produção deve iniciar pelo planejamento, mas conta com outros elementos, veja os principais na Figura 3.5.

Figura 3.5 – **Fatores de produção**

- Planejamento
- Coordenação
- Produção
- Programação
- Controle

O gerenciamento de produção é uma função central para a organização de uma empresa, composto pelo conjunto de atividades que levam à transformação de um bem em outro com valor agregado. Paixão (2007, p. 23) ressalta que, "para agregar valor a um produto, é preciso executar uma ou mais atividades a um menor custo ou de uma forma melhor que os concorrentes".

Para atender ao cliente com produtos e serviços acabados, a função da produção pode ser compreender pela relação dos processos conhecidos pela literatura como:

- *Inputs* – entradas;
- *Outputs* – saídas.

Gonçalves (2000, p. 18) define esses processos da seguinte maneira: "qualquer atividade ou conjunto de atividades que toma um *input*, adiciona valor a ele e fornece um *output* a um cliente específico". A Figura 3.6 ilustra como ocorre essa relação no atendimento ao cliente.

Figura 3.6 – **Input e output**

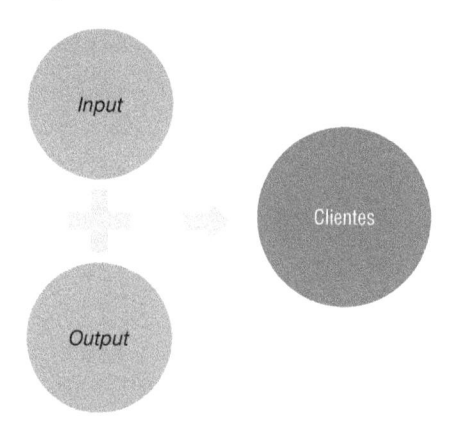

A produção pode ser definida pela dependência das mínimas necessidades de *inputs* (entradas) necessários à produção de determinadas quantidades de *outputs* (saídas), dada a previsão de vendas, que é condicionada à matéria-prima, à mão de obra e às tecnologia disponíveis. Esses elementos podem ser observados na Figura 3.7.

Figura 3.7 – **Matéria-prima, mão de obra e tecnologia**

Wiktoria Matynia, Vectorfair.com e solarus/Shutterstock

Sobre isso, Maximiano (2011, p. 373) ressalta que "a viabilidade de produção refere-se à capacidade efetiva de fornecer o produto ou serviço, no presente ou no futuro".

Para as empresas de serviços, as entradas (*inputs*) são informações, bens materiais e o próprio cliente. O produto gerado no processo de produção de empresas prestadoras de serviço pode ser algo intangível e, muitas vezes, precisa ser vivenciado pelo cliente, como ilustra a Figura 3.8.

Figura 3.8 – **Empresa de serviços**

GoodStudio/Shutterstock

Observe, agora, os três subsistemas essenciais que compõem a função da produção mostrados no Quadro 3.1.

Quadro 3.1 – **Subsistemas de produção**

Subsistema	Função
Engenharia de produto	Responsável pelo planejamento da forma do produto ou do conceito do serviço.
Engenharia de produção	Trata da programação e do controle da produção. Também é responsável por: seleção da localização das instalações; definição da capacidade produtiva; cuidados para que o cliente seja atendido no tempo correto; verificação da utilização dos recursos de forma eficiente, evitando desperdícios.
Engenharia de processo	Define o leiaute (arranjo físico) das instalações, onde ficarão alocados máquinas e equipamentos; e as etapas do processo; implementa medidas de redução de custos; estabelece planejamento das atividades de apoio, como estoque, forma de armazenagem e distribuição de recursos durante o processo (equipamentos, pessoal).

Cada um dos subsistemas apontados no Quadro 3.1 apresenta a descrição das funções, de maneira específica, as quais impactam diretamente as ações de planejamento do marketing.

A otimização de recursos e sistemas de produção administrados de forma eficaz pode proporcionar a qualquer empresa uma maximização nos lucros, vislumbrando novas possibilidades de mercado na ampliação e na diversificação de produção.

> A administração da produção trata da maneira pela qual as organizações produzem bens e serviços. Tudo o que você veste, come, senta em cima, usa, lê ou usa na prática de esportes chega a você graças aos gerentes de produção, que organizam sua produção. Todos os livros que você toma emprestado da biblioteca, os tratamentos recebidos no hospital, os serviços esperados das lojas e as aulas na universidade também foram produzidos. (Slack; Chambers; Johnston, 2002, p. 25)

Conquistar e satisfazer o cliente é algo essencial à vida de uma empresa nos dias atuais. Nesse sentido, é possível dizer que um dos desafios do marketing é criar mecanismos de entrega rápida. Para isso, é necessário unir forças aos setores de produção e logística, estudando as rotas de circulação, os meios de transportes, os locais de armazenagem (depósitos), enfim, todos os elementos que direcionam para as demandas. Podemos citar grandes empresas de varejo, como Magazine Luiza, Casas Bahia, entre outras.

> A competitividade está relacionada à capacidade de a empresa possuir essas competências (que são o conhecimento e as habilidades necessárias ao gerenciamento das atividades empresariais) para, então, poder desenvolver as suas. Mas há uma competência que toda organização deve possuir: a de ser capaz de colocar o consumidor em primeiro lugar. (Paixão, 2007, p. 21)

O mercado e os clientes são os primeiros a sentir os impactos das mudanças econômicas. Dessa forma, a previsão de vendas está sujeita a alterações conforme as oscilações econômicas e do mercado. Isso pode refletir no aumento ou na diminuição das vendas.

Na Figura 3.9, podemos observar uma forma de representar as oscilações do mercado em vendas pelas mudanças econômicas.

Figura 3.9 – **Oscilações de vendas**

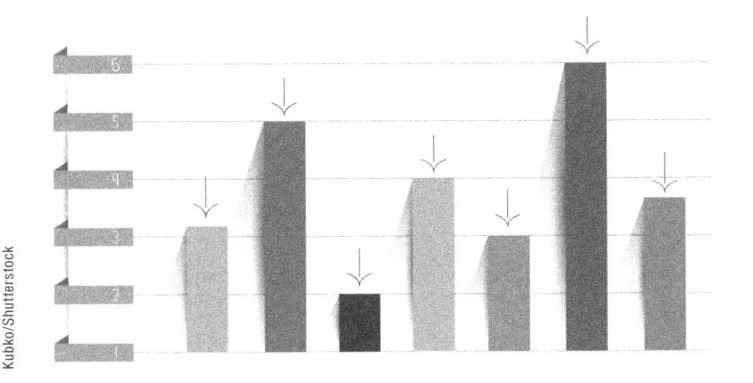

Além dos estudos de previsão de vendas, empresas devem estar preparadas para todas as intempéries de mercado, investindo em pessoas especializadas e inovação para melhor atenderem seus clientes.

> Qualquer que seja o porte da empresa, ela deve ter agilidade no lançamento de novos produtos e dos serviços e um bom atendimentos, ou seja, uma equipe bem treinada, para que tenha esses pontos positivos como principal diferencial do mercado. A alta competitividade exige a excelência na estratégia e o reinventar da empresa a cada dia, seguindo as atuais tendências tecnológicas, mas sem descuidar dos custos e do seu principal alvo, que é o mercado final. (Paixão, 2007, p. 9)

Para a realização da previsão de vendas com mais assertividade, é importante contar com informações a respeito do histórico de pedidos dos produtos.

Independentemente de recursos e tecnologias aplicados, a previsão de vendas é um processo difícil e desafiador para as organizações que precisam resgatar informações históricas, as quais, muitas vezes, estão baseadas em informações incertas.

> Devido a evoluções tecnológicas, a informação tornou-se uma potente ferramenta de gerência que pode gerar transparência e confiabilidade aos processos de abastecimento. Manter o cliente informado sobre a situação do pedido, rastrear cargas ou contêineres através de sistemas modernos de rastreamento *tracking* e programar de forma eficiente as entregas, são apenas alguns exemplos do poder da informação. Uma cadeia de abastecimento não utilizará somente informações precisas, mas deve empregá-las para aprimorar os planejamentos de custos e estoques. (Silva, 2013, p. 21)

A previsão de vendas possibilita o maior controle sobre as ações a serem tomadas a curto, médio e longo prazos, além de permitir correções e modificações no planejamento de marketing, se necessário. Para Kotler e Keller (2006, p. 2), "o sucesso financeiro muitas vezes depende da habilidade de marketing".

De acordo com Sanvicente e Santos (1995, p. 14),

> planejar é estabelecer com antecedência as ações a serem executadas, estimar os recursos a serem empregados e definir as correspondentes atribuições de responsabilidade em relação a um período futuro determinado, para que sejam alcançados satisfatoriamente os objetivos porventura fixados para uma empresa e suas diversas unidades.

Segundo Slack, Chambers e Johnston (2002), a previsão de demanda pode acontecer por métodos qualitativos e quantitativos. Já Silva (2008, p. 5) afirma que "Vários são os métodos padronizados de previsão disponíveis. Tais métodos são divididos em duas categorias: qualitativos e quantitativos". No Quadro 3.2, podemos verificar alguns dos métodos quantitativos e qualitativos de previsão de vendas.

Quadro 3.2 – **Previsão de demanda**

Quantitativo	Qualitativo
• *On-line*	• Observação direta
• Contato pessoal	• Análise de fotografias
• Por telefone	• Diário de anotações
• Por questionário enviado	• Acompanhamento de tarefas *in loco*
• Etc.	• Análise de narrativas

Fonte: Elaborado com base em Slack; Chambers; Johnston, 2002.

Para ambos os métodos, a etapa de coleta de informações confiáveis é de suma importância.

Segundo Demo (1995, p. 40), a previsão de demanda "refere-se aos procedimentos, às ferramentas e às formas de se fazer ciência e é de essencial relevância uma vez que permite organizar a maneira de trabalhar apontando o trajeto que deve ser feito para atingir a finalidade do estudo proposto".

Mattar (2014) aponta que as pesquisas podem ser classificadas da seguinte forma: pesquisa qualitativa e pesquisa quantitativa; pesquisa descritiva e pesquisa casual; pesquisa exploratória e pesquisa conclusiva; pesquisa por comunicação e pesquisa por observação; estudo de caso, estudo de campo e levantamentos amostrais; pesquisa ocasional e pesquisa evolutiva; pesquisa experimental de laboratório; pesquisa experimental de campo e pesquisa *expost fact*; pesquisa de campo, pesquisa de laboratório e pesquisa de simulação.

A Figura 3.10 ilustra diferentes procedimentos de pesquisa em um ambiente de vendas.

Figura 3.10 – **Procedimentos de pesquisa**

elenabsl/Shutterstock

Segundo Kotler e Keller (2006), os passos para uma pesquisa de marketing envolvem:

- definição do problema;
- definição do plano de pesquisa;
- coleta de informações;
- análise de informações;
- apresentação dos resultados;
- tomada de decisão.

De acordo com Mattar (2014), as fontes de dados se dividem em dois tipos: (1) primárias ou diretas e (2) secundárias ou indiretas.

As **primárias** são aquelas em que os dados estão na forma bruta e precisam ser coletados, tabulados e analisados, são consumidores, telespectadores, radiouvintes e leitores. Já os dados de fontes **secundárias** são aqueles em que a informação está pronta, pois os dados já foram coletados, tabulados, analisados e estão à disposição para consulta; são relatórios de pesquisa, jornais, revistas, livros, trabalhos acadêmicos, entre outros.

Na Figura 3.11, é possível observar as fontes de pesquisas primárias e secundárias. Na análise qualitativa, o gestor/pesquisador busca interpretar os dados com base nos fenômenos que acontecem no ambiente. Nesse tipo de análise, não há um modelo a ser seguido e consideram-se, inclusive, percepções que levem à interpretação das evidências dos dados obtidos em pesquisa. A Figura 3.11 ilustra situações de vendas nas quais o gestor pode avaliar o ambiente e as reações de clientes e funcionários.

Figura 3.11 – **Vendas**

De acordo com Maximiano (2011, p. 9), "o objetivo básico da função de pesquisa e desenvolvimento é transformar as informações de marketing, as ideias originais e os avanços da ciência em produtos e serviços".

A análise quantitativa permite maior assertividade no cenário apresentado, pois os pesquisadores utilizam os estudos matemáticos para a coleta de dados e sua análise.

Cada grupo tem diferentes graus em termos de exatidão relativa em previsões de longo prazo e curto prazos, nível de sofisticação utilizado e base lógica (dados históricos, opiniões de especialistas ou estudos) da qual a previsão é derivada.

3.1 Métodos qualitativos

Mattar (2014) aponta que métodos qualitativos são aqueles que recorrem a julgamento, intuição, pesquisas ou técnicas comparativas para produzir estimativas quantitativas sobre o futuro. As informações relativas aos fatores que afetam a previsão são tipicamente não quantitativas, flexíveis e subjetivas.

> A vida de qualquer administrador é uma sucessão de incontáveis decisões. Algumas, talvez a maioria, são tão rotineiras que exigem pouco esforço do pensamento. São decorrentes de respostas a problemas lógicos. Outras, entretanto, exige um certo tipo de sensibilidade especial, uma forma diferente de desenvolver o pensamento. Estas são as decisões estratégicas – são as que lidam com novas direções, mudança, visão de mundo, vencer a competição, e até, em muitos casos, lucrar. (Costa Neto, 2007, p. 40)

Todas as informações obtidas pelos estudos de previsão de demanda são fundamentais para o desenvolvimento eficaz da cadeia de produção, de compras de materiais e de logística, permitindo que o produto chegue com qualidade ao cliente. Cabe aos gestores aceitarem ou não os resultados das pesquisas qualitativas e quantitativas de marketing, sendo responsáveis pela tomada de decisão, em uma proposição de melhoria ou contorno de determinadas situações para o alcance dos objetivos e da missão da empresa.

Seguindo as mudanças e as tendências de mercado, em especial internacional, é crescente a complexidade das organizações que trabalham diretamente na gestão de materiais e entregas de produtos em uma cadeia de suprimentos. A Figura 3.12 ilustra diferentes ferramentas logísticas de entrega de produtos aos clientes.

Figura 3.12 – **Entrega de produtos aos clientes**

Para Ballou (1993, p. 20), "logística é o processo de planejamento do fluxo de materiais, objetivando a entrega das necessidades na qualidade desejada no tempo certo, otimizando recursos e aumentando a qualidade nos serviços".

Com a otimização de recursos materiais e de informação, a logística, administrada de maneira eficaz, pode proporcionar a qualquer empresa uma maximização dos lucros ou novas possibilidades de mercado. Para Ching (1999, p. 123), "a logística é a responsável por controlar toda a movimentação de materiais desde o transporte da matéria-prima para a produção até a entrega do produto final ao cliente".

Os estudos de logística passaram a ter destaque no Brasil a partir da década de 1950, com o desenvolvimento da industrialização e a interferência do mercado internacional, emergindo a necessidade de novas estratégias para o ganho de competitividade. A Figura 3.13 ilustra os processos logísticos.

Figura 3.13 – **Processos logísticos**

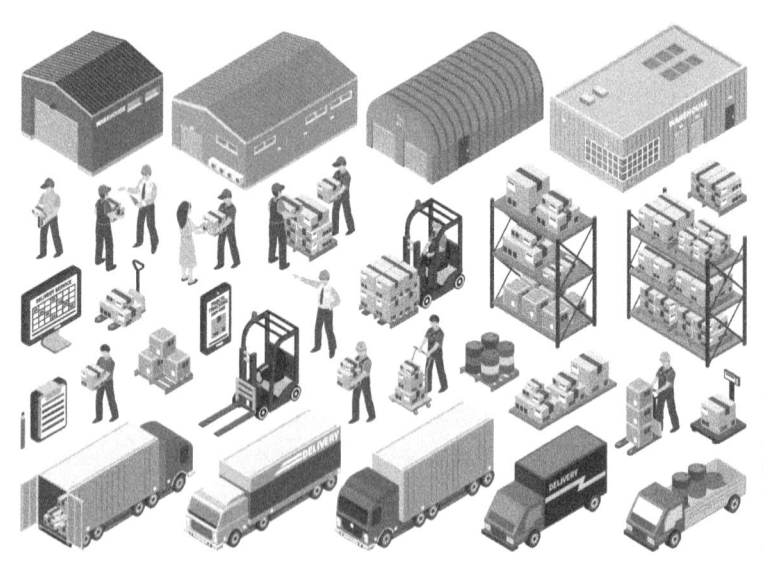

Macrovector/Shutterstock

Paixão (2007, p. 21) afirma que "a competitividade está relacionada à capacidade de a empresa possuir essas competências [conhecimento e gerenciamento das atividades empresariais] para, então, desenvolver suas estratégias", pois, como define Cobra (2009, p. 122), o "mercado é constituído de um grupo de potenciais compradores de um produto ou serviço".

Com todos esses esforços, a empresa pode, além de prever suas vendas, garantir mais assertividade no desempenho e na entrega de produtos e serviços no mercado de modo sustentável, sem grandes perdas de produtos ou despesas que onerem o caixa.

O marketing utiliza como instrumentos de pesquisa diversos dados fornecidos por instituições idôneas, por exemplo, o Instituto Brasileiro de Opinião Pública e Estatística (Ibope), o Instituto Brasileiro de Geografia e Estatística (IBGE), o Instituto Paranaense de Desenvolvimento Econômico e Social (Ipardes), entre outras empresas e meios de comunicação e informações que trazem informações fidedignas.

Todos esses esforços são necessários para que o produto chegue com qualidade ao cliente, e as empresas ganhem mercado e competitividade. As pesquisas de marketing para a previsão de vendas são precisas se houver um objetivo a ser seguido, ou seja, a determinação do produto ou serviço a ser pesquisado. Os resultados obtidos influenciam o funcionamento de todo o ecossistema organizacional, desde a previsão de compras de matéria-prima até a produção e a logística de entrega ao cliente.

3.2 Análise SWOT

O consumidor é regido por forças ambientais que podem possibilitar ou não o consumo, e essas forças devem ser analisadas pelo profissional de marketing. A análise do ambiente é fundamental para a descrição do mercado potencial a níveis internos e externos, de modo a identificar as necessidades dos clientes, novos hábitos de consumo e estratégias dos concorrentes para a inserção de seus produtos ou serviços no mercado.

Para um melhor entendimento do ambiente, os gestores podem utilizar a ferramenta SWOT, que é um sistema simples de verificação da posição estratégica da empresa em determinado ambiente. Ela também é uma poderosa ferramenta de marketing, que deve ser realizada ao menos uma vez por ano, durante o planejamento estratégico de marketing.

Para Paixão (2007, p. 87), "o plano de marketing é realizado pelo mapeamento da situação da empresa em relação às atuais estratégias de marketing. Pontos fortes, fracos, oportunidades e ameaças são levantados e contemplados".

Kotler (2006) aponta que cada negócio precisa avaliar periodicamente suas forças e fraquezas internas, analisando as competências de marketing, financeiras, de fabricação e organizacionais e classificando cada fator como uma grande força, uma força, uma característica neutra, uma fraqueza ou uma grande fraqueza.

Por meio da análise SWOT, também conhecida na literatura como FOFA, é possível realizar a análise estratégica do cenário ambiental no estudo dos pontos fortes e fracos e das oportunidades e ameaças que circundam a empresa.

A análise SWOT (às vezes chamada de TOWS) é uma forma útil para ajudar as organizações a identificar fatores externos e internos, assim como salienta oportunidades em potencial. A análise SWOT é o processo de identificar sistematicamente as Forças (Strengths), Fraquezas (Weaknesses), Oportunidades (Opportunities) e Ameaças (Threats). (Megginson; Mosley; Pietri Junior, 1998, p. 179)

A ferramenta SWOT possibilita uma visão mais detalhada do negócio, tanto interna quanto externamente, fornecendo dados importantes para o plano de marketing. O primeiro passo para estruturar a ferramenta é reunir uma equipe comprometida e criar uma relação de variáveis a serem monitoradas. Em seguida, cria-se uma escala na qual cada uma dessas variáveis é avaliada em relação aos objetivos da organização. Para Kotler e Keller (2006, p. 50), "Uma coisa é perceber oportunidades atraentes, outra é ter capacidade de tirar o melhor proveito delas".

No processo de elaboração da matriz SWOT, é comum ocorrerem equívocos na descrição dos itens que compõem cada um dos quatro quadrantes da ferramenta. Muitas vezes, os colaboradores confundem oportunidades com pontos fortes e ameaças com pontos fracos. Nesse sentido, para um melhor entendimento dos fatores correspondentes a cada item, os gestores e a sua equipe devem questionar pontualmente o ambiente.

O Quadro 3.3 remete a uma estratégia de identificação do controle dos fatores internos e externos da empresa. Se a resposta à pergunta descrita no quadro for sim, o elemento mencionado é um ponto forte (força) ou fraco (fraqueza) da empresa; se a resposta for não, o fator é uma ameaça ou uma oportunidade.

Quadro 3.3 – **Identificação dos quadrantes SWOT**

Pergunta	Resposta		Identificação
	Sim	Não	
A empresa tem controle sobre o fator?	X		Então será um ponto forte ou fraco.
		X	Então será uma oportunidade ou ameaça.

Fonte: Elaborado com base em Megginson; Mosley; Pietri Junior, 1998.

A análise das **forças** refere-se à pesquisa do ambiente interno da organização, são as vantagens e as potencialidades que ela apresenta, por exemplo: mão de obra, máquinas e equipamentos que possibilitam uma produção pontual e de qualidade. Segundo Rezende (2008), as forças referem-se às características ou às qualidades da organização que podem influenciar positivamente seu desempenho.

As **fraquezas** também remetem à análise interna da organização na mensuração de suas fragilidades organizacionais que impedem o bom desempenho, por exemplo: falta de treinamento de colaboradores e de manutenção em máquinas e equipamentos etc. Uma vez identificados os pontos frágeis do cenário organizacional, é possível controlá-los, manipulá-los ou modificá-los, alterando o cenário atual para outro com resultados positivos. Martins (2007) aponta que as fraquezas são os aspectos mais negativos da empresa em relação a seu produto, serviço ou unidade de negócios, por exemplo: inexperiência dos sócios, dependência de matérias-primas etc. Devem ser fatores controlados pela própria empresa e relevantes para o planejamento estratégico.

Já as **oportunidades** não são controláveis, pois estão fora do ambiente da empresa, mas, uma vez identificadas, devem estar alinhadas à missão empresarial para o melhor aproveitamento em situações oportunas.

> Missão – a razão de existir de uma organização. Esta descreve os valores, aspirações e a razão de ser da organização. Uma missão bem definida é a base do desenvolvimento de todas as metas e dos planos subsequentes. Sem uma missão clara, as metas e os planos poderão ser perigosamente desenvolvidos e não levarem a organização na direção que ela precisa ir. (Daft, 2005, p. 155)

As oportunidades podem se fazer presentes na em situações que favorecem o aumento de vendas e a absorção de novos clientes, como possibilidade de expansão da empresa, abertura de franquias, queda nas taxas de juros e cotação do dólar etc. Segundo Rezende (2008), as oportunidades são as variáveis externas e não controladas que podem criar condições favoráveis para a organização, desde que ela tenha capacidade e interesse de utilizá-las. Martins (2007) afirma que as oportunidades são os aspectos mais positivos do produto/serviço da empresa em relação ao mercado em que está ou deseja se inserir. São fatores que não podem ser controlados pela própria empresa e relevantes para o planejamento estratégico.

Calaes (2006) aponta que as **ameaças** são situações ou fenômenos externos, atuais ou potenciais que possam prejudicar a execução de objetivos estratégicos. Elas estão presentes no ambiente externo da empresa, cujas interferências são bastante comuns em razão das oscilações políticas e econômicas. As ameaças caracterizam-se pela entrada de produtos concorrentes no mercado, principalmente os internacionais, e pelas alterações no preço de venda de produtos a nível internacional.

Para Martins (2007), ameaças são os aspectos mais negativos do produto/serviço da empresa em relação ao mercado em que está ou deseja se inserir. São fatores que não podem ser controlados pela empresa e são relevantes para o planejamento estratégico. O autor ainda afirma que são atividades que podem levar a empresa a uma redução de receita ou até mesmo a seu desaparecimento (Martins, 2007). Estão ligadas a concorrentes e novos cenários, desafiando a atual estratégia de empreendimento. Para evitá-las, é necessário prever o grau de possibilidade de ocorrerem e seus níveis de gravidade.

Maximiano (2011, p. 361) aponta que, "ao avaliar a concorrência, o empreendedor deve buscar as seguintes informações principais: número de competidores, alcance de seus canais de distribuição, suas políticas de preços e suas vantagens competitivas".

Monitorar as ameaças requer estudos que levem ao conhecimento das esferas econômicas e políticas para o entendimento preciso do mercado, de modo que a equipe de execute o planejamento de marketing com eficiência, fazendo alterações, se necessário, em busca de novas oportunidades de negócio.

Segundo Kotler e Keller (2006, p. 50), "Uma coisa é perceber oportunidades atraentes, outra é ter capacidade de tirar o melhor proveito delas".

A Figura 3.14 demonstra a ferramenta de análise SWOT.

Figura 3.14 – **Análise SWOT**

[Diagrama com quatro círculos: Forças, Fraquezas, Oportunidades, Ameaças]

Fonte: Elaborado com base em Kotler; Keller, 2006.

Essa técnica foi creditada a Albert Humphrey, da Universidade de Stanford, na década de 1960, e deve ser estruturada com base em uma relação de variáveis que precisam ser constantemente monitoradas. O SWOT é uma ferramenta amplamente divulgada entre as organizações modernas que visam à competitividade e ao atendimento do cliente com excelência.

3.3 Segmentação

Segmentar significa dividir mercados de acordo com a preferência e o perfil do consumidor, pois, segundo Booth (1999), o grande diferencial de uma estratégia de marketing forte está em descobrir o que os consumidores fazem e por quê.

A segmentação pode, ainda, ser entendida como a divisão de um mercado misto em submercados ou em grupos de acordo com as características do consumidor. "É comum as pesquisas segmentarem os mercados por perfis demográficos como idade, renda, educação e outros fatores mensuráveis que possam indicar uma preferência por marca, produto, tipo de mídia ou diversão" (Wells, citado por Barbosa; Dias; Walchhutter, 2015, p. 3).

Para segmentar um mercado, é necessário considerar o comportamento do consumidor em relação à aquisição de produtos e serviços e às variáveis de cada grupo, de acordo com o perfil do consumidor, como idade, sexo, grau de escolaridade e rotina social. Com base nesses dados, o marketing adquire informações mais precisas para realizar uma análise mais profunda de cada segmento.

Wells (citado por Veiga-Neto, 2007) aponta que as pesquisas de mercado costumam colecionar perfis como idade, renda, educação e outros fatores mensuráveis que possam indicar uma preferência por marca, produto, tipo de mídia ou diversão.

3.3.1 Segmentação de mercado-alvo

A identificação do mercado consumidor é uma difícil tarefa dos profissionais de marketing, uma vez que cada pessoa tem características específicas. O ato de compra é bastante peculiar, pois o cliente pode desempenhar diferentes papéis decisórios antes de efetivamente comprar.

Para Kotler e Keller (2006 p. 40), "Uma administração de marketing bem-sucedida requer determinadas capacidades, como entender o valor para o cliente, criar valor para o cliente, entregar valor para o cliente e sustentar valor para o cliente".

Muitas organizações utilizam a estratégia de concentrar todos os seus esforços em um único segmento, fortalecendo, assim, sua presença no mercado. Ao direcionar as forças a um único segmento, a tendência é disponibilizar produtos ou prestar serviços com melhor desempenho e maior qualidade, alcançando a liderança de mercado.

> Os segmentos identificados devem ser diferentes do ponto de vista da sensibilidade às ações de marketing da empresa. Portanto, é necessário que o critério de segmentação definida maximize as diferenças entre os segmentos (condição de heterogeneidade) e minimize as diferenças entre os compradores no seio de um mesmo segmento (condição de homogeneidade). (Lambin, 2000, p. 266)

Uma empresa deve levar em consideração todos os fatores que interferem na segmentação de mercado para direcionar os recursos da empresa a determinado modelo de produção e consequente entrega de produto ou serviço, atingindo, assim, seu público-alvo.

Segundo Paixão (2007, p. 27),

> O alvo ou segmento é chamado de mercado-alvo ou **target**. A segmentação pode ser analisada por três modos: demográfico (sexo, idade, renda, ocupação e nível de escolaridade); geográfico (localização geográfica, bairros, regiões etc., variações climáticas, entre outros); psicográfico (estilo de vida, grupos de participação, igrejas, clubes, tribos etc.).

A **segmentação geográfica** consiste em dividir o mercado em territórios específicos, considerando densidade populacional e territorial, nações, cidades ou bairros. Essa modalidade de segmentação é conhecida como *marketing regional ou dirigido* e está ilustrada na Figura 3.15.

Figura 3.15 – **Segmentação geográfica**

Blablo101/Shutterstock

A **segmentação demográfica** consiste em formar segmentos de mercado com base nas informações de renda, raça, educação, ocupação, tamanho da família, classe social, religião, idade, sexo, entre outras. A Figura 3.16 ilustra esse tipo de segmentação.

Figura 3.16 – **Segmentação demográfica**

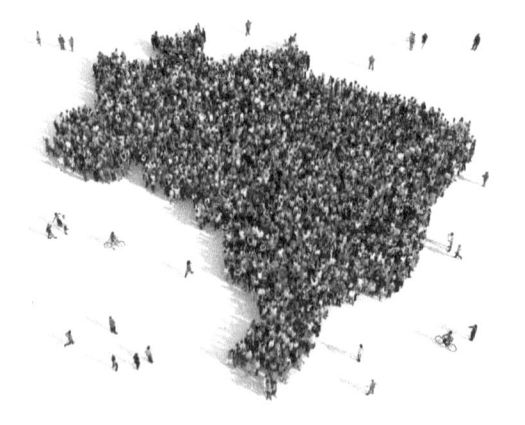

Arthimedes/Shutterstock

O Quadro 3.4 apresenta exemplos de variáveis de segmentação que podem ser considerados pelo marketing para o planejamento e o lançamento de novos produtos no mercado. Informações como idade, sexo, raça, nacionalidade, renda, educação, ocupação, tamanho da família e religião são de suma importância para direcionar um produto ao público certo.

Quadro 3.4 – **Variáveis de segmentação**

Variável	Descrição
Idade	Crianças (de 2 a 8 anos) Adolescentes Jovens (de 18 a 25 anos) Adultos (de 25 a 45 anos) Idosos (acima de 65 anos)
Sexo	Masculino Feminino
Raça	Branca Negra Parda Outras
Nacionalidade	Brasileiro Argentino Italiano Outras
Renda	Até 1 salário mínimo De 1 a 2 salários mínimos Outras
Educação	Ensino fundamental Ensino médio Ensino superior Pós-graduação Outras

(continua)

(Quadro 3.4 – conclusão)

Variável	Descrição
Ocupação	Assalariado Autônomo Servidor público Aposentado Outras
Tamanho da família	De 1 a dois membros De 3 a 4 membros Mais de 4 membros Outros
Religião	Católico Evangélico Judeu Outras

Fonte: Elaborado com base em Las Casas, 2009.

Os exemplos de segmentação ganham força com a apresentação de pesquisas realizadas por órgãos fidedignos. Por exemplo, segundo o Censo Demográfico de 2010, realizado pelo Instituto Brasileiro de Geografia e Estatística – IBGE (2010a), a população brasileira residente é de 190.755.799 pessoas; delas, 18.725.449 nunca frequentaram a escola.

A Tabela 3.1 apresenta uma classificação de grupos sociais de acordo com a Secretaria de Assuntos Estratégicos (SAE) do Governo Federal do Brasil. Observe:

Tabela 3.1 – **Classificação de grupos sociais**

Classe	Renda familiar média (R$/mês)
Extremamente pobres	227
Pobres, mas não extremamente pobres	648
Vulnerável	1.030

(continua)

(Tabela 3.1 – conclusão)

Classe	Renda familiar média (R$/mês)
Baixa classe média	1.540
Média classe média	1.925
Alta classe média	2.813
Baixa classe alta	4.845
Alta classe alta	12.988

Fonte: Paes de Barros et al., citado por Rosa; Gonçalves; Fernandes, 2014, p. 7.

A **segmentação psicográfica** utiliza os estudos da psicologia de determinado grupo alocado em uma região. Ela divide o mercado com base no comportamento das pessoas: atividades, interesses, opiniões que direcionam seu hábito de consumo etc., isto é, baseia-se em como as pessoas pensam e no modo como vivem.

Grande parte dos produtos comercializados tem apelo emocional, o que pode ser mensurado por meio de comportamentos, atitudes, preferências e demais fatores que distinguem estilos de vida.

O perfil dos clientes consumidores diversifica-se de acordo com as tendências dos grupos sociais, que podem ser: inovadores, aqueles que buscam produtos e serviços diferenciados; conscientes, pessoas que demonstram maturidade e planejamento de vida; empreendedores, indivíduos que adquirem produtos pelo *status* e por reconhecimento social; e experimentadores, em grande parte um público jovem que busca variedade e novas experiências.

Para Kotler (2006), marketing não é apenas vender e fazer propaganda, mas sim todo um processo de preparação da empresa para que ela esteja apta a aproveitar as melhores oportunidades que surgirem. Nesse sentido, a segmentação de mercado propicia a análise de oportunidades, a seleção de mercados-alvo, o desenvolvimento de *mix* de marketing e o gerenciamento de esforços.

Composto mercadológico pode ser definido como sendo a seleção de fatores que uma empresa resolve adotar para alcançar seus objetivos de mercado dentro de um prazo determinado. Os elementos do composto mercadológico são os seguintes: Produto (custo, especificações, marca, embalagem, rótulo, garantia, assistência técnica e serviço de pós-venda); Preço (determinação, política, crédito e financiamento); Distribuição (canais, controle, transporte, armazenagem, risco e prazo de entrega); e Comunicação (publicidade, propaganda, promoção, treinamento da força de venda e relações públicas). (Costa, 2003, p. 191)

Uma vez segmentado o mercado, é possível dividi-lo em grupos específicos, de acordo com as preferências do público-alvo. Quando o profissional de marketing consegue classificar seus clientes, há inúmeras vantagens para as estratégias de mercados, as ações de marketing, a definição de política de preço, a publicidade, a propaganda e a promoção.

Observe o Quadro 3.5, que apresenta alguns exemplos de ações e estratégias de marketing baseadas na segmentação de mercado.

Quadro 3.5 – **Ações e estratégias de marketing**

Ações	Estratégia
Promoção	Distribuição de brindes, organização de eventos, degustação, entre outras.
Preço	Condições e formas de pagamento diferenciadas.
Publicidade	Contratação de empresa de publicidade.
Propaganda	Anúncios em jornais, revistas e comércios.

As demandas dos clientes são heterogêneas, e, para as empresas, atendê-las com excelência é uma tarefa difícil e desafiadora. Por isso, a segmentação de mercado pode ser uma aliada na elaboração de estratégias pontuais de atendimento.

Rawpixel.com/Shutterstock

Capítulo 4

DIFERENCIAÇÃO

Todo lançamento de um novo produto ou serviço no mercado é cercado de incertezas, mesmo que o marketing realize pesquisas e experiências intensas antes de fazê-lo. Os consumidores podem ou não aprovar um lançamento e também podem mudar de opinião, bem como as oscilações econômicas podem afetar a capacidade de compra deles. Ainda, podem existir produtos similares concorrente no mercado, dificultado a aceitação desse novo lançamento. Por isso, além das características físicas, o desenvolvimento de novos produtos deve levar em consideração aspectos culturais, legais e ergométricos (Paixão, 2007).

Nesse sentido, o marketing, para alcançar seu mercado-alvo, buscar sempre diferenciar seus produtos e serviços em relação à concorrência.

> O primeiro passo para uma estratégia de marketing é a determinação do mercado-alvo. Não se pode atender a todos os clientes em um mercado, pois sempre haverá alguém que não queira o que estamos oferecendo. Após o reconhecimento de segmentos no mercado, selecionam-se os grupos de consumidores específicos que temos interesses de atingir [...]. (Frankukoski, 2020, p. 266)

De modo geral, o consumidor busca a orientação de compra e a diferenciação em seu atendimento. Nesse sentido, produtos e serviços exclusivos proporcionam o sentimento de empoderamento.

O marketing, por sua vez, procura conhecer o histórico de seus clientes, efetuando pesquisas dos mais variados aspectos (quantitativa, qualitativa, bibliográfica, entre outras que sejam convenientes ao ambiente) para registrar e estruturar dados e informações que promovam um relacionamento mais direcionado entre as partes.

De acordo com o Webster's International Dictionary (citado por Martinez, 2016, p. 10, grifo do original), "pesquisa é uma indagação minuciosa ou **exame crítico e exaustivo** na procura de fatos e princípios; uma diligente busca para averiguar algo. Não é apenas procurar a verdade, é encontrar respostas para questões propostas, utilizando método científico". Conforme Marconi e Lakatos (2003, p. 30), a pesquisa é fundamental em todas as áreas do conhecimento, e uma "variedade de procedimentos de coleta de dados pode ser utilizada, como entrevista, observação participante, análise de conteúdo, entre outros, para estudo relativamente intensivo de um pequeno número de unidades, mas geralmente sem o emprego de técnicas probabilísticas de amostragem".

A atividade de compreensão do perfil dos clientes, mensurando o que é diferente em um consumidor em relação a outro, é considerada um estudo de alto grau de complexidade para os profissionais de marketing, os quais, muitas vezes, vão a campo para obter informações relevantes para essa interpretação. Uma das técnicas utilizadas por esses profissionais é a aplicação de um questionário com perguntas direcionadas ao público-alvo.

> As pesquisas deste tipo caracterizam-se pela interrogação direta das pessoas cujo comportamento se deseja conhecer. Basicamente, procede-se à solicitação de informações a um grupo significativo de pessoas acerca do problema estudado para, em seguida, mediante análise quantitativa, obterem-se as conclusões correspondentes aos dados coletados. (Gil, 2010a, p. 35)

Para Sandhusen (2010, p. 6), "marketing é o processo de planejar e executar a concepção, o estabelecimento de preços, a promoção e a distribuição de ideias, bens, serviços, organizações e eventos para criar e manter relações que satisfaçam objetivos individuais e organizacionais".

A diferenciação de um produto ou serviço no mercado pode ocorrer por diversos fatores, entre os quais: variedade, qualidade, *design*, embalagem, garantias, desempenho, além de outras características singulares. Considerando o alto grau de competitividade do mercado globalizado, o marketing está sempre à procura da adequação de produtos e serviços. Em relação à forma, por exemplo, o marketing pode investir na diferenciação de tamanhos, volumes, formatos e estrutura física de um produto ou de sua embalagem.

Nesse sentido, você pode estar se perguntando: Mas como profissional de marketing, quais aspectos posso considerar para trabalhar essa diferenciação? Confira o Quadro 4.1, que apresenta alguns aspectos que podem ser considerados pelos profissionais de marketing para a diferenciação de produtos e serviços.

Quadro 4.1 – **Diferenciação e características**

Diferenciação	Características
Variedade	Modelos, cores, quantidades.
Qualidade	Em conformidade com a proposta de venda.
Design	Horizontal, vertical.
Embalagem	Primária, secundária, terciária.
Tamanhos	Metros, centímetros, milímetros.
Serviços	*Delivery, express, à la carte.*
Garantias	Prazos, cobertura, reposição, devolução.

Fonte: Elaborado com base em Maximiano, 2004.

Os serviços diferenciados visam orientar os clientes na tomada de decisão no momento da compra. No mercado contemporâneo, é cada vez mais comum o surgimento de empresas especializadas em consultoria que orientam clientes que não têm conhecimento técnico ou tempo para realizar estudos antes da aquisição de um bem ou serviço. Sua função é preservar a união entre a empresa e seus clientes. "Todo o tipo de empresa cria seu próprio marketing abrangendo atividades de pesquisa, desenvolvimento de produtos, canais de distribuição, preço, promoção, vendas (Maximiano, 2004, p. 24).

Um serviço é um bem intangível, ou seja, não é possível pegá-lo, materializá-lo. Com isso, a melhor forma de obter diferenciação no mercado é por meio da qualidade. Carvalho e Paladini (2012, p. 28) entendem *qualidade* como "relação da organização com o mercado, definida como uma relação de consumo. [...] A qualidade consiste no conjunto de atividades coordenadas para dirigir e controlar uma organização, englobando planejamento, controle, garantia e melhoria do atendimento ao cliente nos diversos aspectos que envolvem produtos e serviços".

Os diferenciais de um produto ou serviço podem estar na implementação de subprodutos ou subserviços agregados ao original ou na facilidade de realizar pedidos, entrega, instalação, manutenção e orientação ao cliente. A facilidade na realização de um pedido de compras, por exemplo, envolve meios de comunicação que o cliente pode utilizar para entrar em contato com a empresa, em uma relação linear entre emissor e receptor, objetivando o perfeito entendimento entre as partes. A facilidade desse processamento de linguagem é um fator de diferenciação no mercado, cabendo ao marketing agir com empatia para desenvolver ferramentas que facilitem esse processo.

Com a mobilidade promovida pelos instrumentos de tecnologia de informação, muitas empresas disponibilizam a seus clientes diversos meios de comunicação, como aplicativos, correio eletrônico, WhatsApp, *sites*, 0800, entre outros. Para Simchi-Levi, Kaminsky e Simchi-Levi (2009, p. 16), "a Tecnologia da Informação é um importante facilitador da gestão eficaz da cadeia de suprimentos. Em geral, ela se estende por toda a corporação, e vai além, englobando fornecedores de um lado e clientes de outro".

Nesse universo de possibilidades, diversos produtos apresentam características que complementam sua função original para conquistar e fidelizar seus clientes. Buscando a diferenciação, o marketing inova e soma vantagens a seus produtos e serviços. Diversas empresas utilizam a estratégia de somar pacotes e acessórios à versão original para ganhar competitividade no mercado, e muitos consumidores, assim, pagam um valor adicional para adquirir tais benefícios. De acordo com Sandhusen (2010, p. 4), o "preço que os clientes pagam por um produto influi na sua imagem e na probabilidade de compra. É o único elemento gerador de receita do composto de marketing, e o mais fácil de alterar [...] geralmente analisa custos, necessidades do cliente, preços concorrentes, controles governamentais e atos políticos".

Mesmo com acessórios agregando valor, para que uma empresa possa ganhar competitividade no mercado, o desempenho dos produtos é de suma importância, e isso normalmente está ligado a fatores de produção, que devem ser gerenciados de modo a garantir o desempenho tecnológico do bem entregue ao cliente. Impulsionados pelo mercado globalizado, modelos de produção tradicionais, como os de série, deparam-se com outros modelos mais flexíveis, por exemplo, o sistema Just in Time (JIT). Esse modelo de produção está baseado em um conceito de administração da produção cuja meta é produzir apenas o volume necessário de um produto no momento planejado (Kimura; Terada, 1981).

A durabilidade é outro elemento de diferenciação e compreende a vida útil do produto, e o cliente espera que ela seja pelo maior tempo possível. Ainda que, no mercado moderno, a tendência seja de obsolescência de diversos produtos, principalmente os de caráter tecnológico, muitos consumidores estão dispostos a pagar preços diferenciados por produtos mais duráveis. Todavia, as empresas devem estar preparadas para lançar no mercado produtos passíveis de reparos, sejam emergenciais, sejam de manutenção. A facilidade nesses serviços é esperada pelo consumidor e torna-se um diferencial. As empresas, portanto, precisam prever a reposição de peças, de modo que o consumidor tenha acesso a elas toda a vez que necessitar, mantendo, assim, o funcionamento de seu bem.

> [...] para que possa ser implementada a gestão da cadeia de suprimentos é necessária a existência de uma filosofia compartilhada por toda as empresas constituintes, compreendendo um conjunto de valores, crenças e ferramentas que permitam o reconhecimento das implicações sistêmicas e estratégicas das atividades envolvidas na administração dos fluxos compreendidos. (Mesquita, 2009, p. 18)

As operações produtivas não devem ser vistas isoladamente pelo marketing, pois fazem parte de uma rede empresarial maior e estão conectadas a outras operações, que incluem fornecedores e clientes. Quando as empresas começam a trabalhar dessa forma, percebem que podem obter benefícios em termos de qualidade, custo, flexibilidade, confiabilidade e rapidez, tornando-se, assim, cada vez mais competitivas no mercado, satisfazendo às necessidades de seus clientes. "Planejamento e controle de capacidade é a tarefa de determinar a capacidade efetiva da operação produtiva de uma empresa. Isso normalmente significa decidir como a operação deve reagir a flutuações na demanda" (Slack; Chambers; Johnston, 2002, p. 313).

As relações entre as partes deixam de ser contrapostas, transformando-se em um esforço coordenado no qual a confiança e o comprometimento têm relevância fundamental para a diferenciação de um produto ou serviço no mercado. Essas ações de produção coordenada facilitam o compartilhamento de informação, indo além de dados sobre transação de compra e venda, pois incluem aspectos estratégicos orientados ao planejamento conjunto, essenciais para que as empresas participantes façam o que foi prometido de maneira rápida e eficiente.

Gaither e Frazier (2002, p. 22) afirmam que a "capacidade produtiva é o maior nível de produção que uma empresa pode manter dentro de uma estrutura de programação de trabalho realista, levando em conta um período de inatividade normal e supondo uma disponibilidade suficiente de entradas para operar a maquinaria e o equipamento existente".

A instalação é mais um diferencial dos produtos do mercado moderno, agregando mais valor a ele. Quando um produto é bem instalado, há mais garantias de sua qualidade e funcionalidade, proporcionando também que o cliente tenha maior conhecimento técnico do bem adquirido.

Segundo Carpinetti (2012, p. 11, grifo nosso), "Qualidade é uma das palavras-chave mais difundidas junto à sociedade e também nas empresas (ao lado de palavras como *produtividade*, *competitividade*, *integração* etc.). Ou seja, qualidade é o grau com que o produto atende satisfatoriamente às necessidades do usuário durante o uso".

O treinamento e a orientação ao cliente vêm avançando nas práticas do mercado moderno, contribuindo para a melhoria das relações entre empresas e clientes. De modo geral, o consumidor busca conhecimento e informação sobre o produto adquirido. O manuseio correto dos bens tangíveis proporciona ainda mais valor ao produto, diferenciando-o no mercado e propiciando mais confiança ao cliente.

O marketing, por meio de estratégias de alavancagem de vendas, baseia-se em fatores externo que condicionam ao modismo, impulsionando, desse modo, o consumo. Impulsionar um produto é mostrar ao público-alvo sua importância e diferenciação frente à concorrência. Havendo inovação tecnológica, o crescimento de mercado tende a ser ainda mais rápido.

> Independente da empresa, mais uma vez, o modelo genérico de inovação se constitui das mesmas atividades, e independente do tipo de inovação predominante a ser desenvolvido, ele deve ser bem gerenciado e inclusive mensurado para lapidar a estreita ligação entre inovação e desempenho. É importante lembrar que é muito fácil obter sucesso uma única vez, mas repeti-lo é uma questão de planejamento e aquisição de capacidades para implantar o processo de gestão da inovação na rotina das empresas. (Reis et al., 2010, p. 62)

Sobre o modelo genérico de gestão da inovação, observe a Figura 4.1, na qual você verá que a inovação é introduzida e implementada no ambiente empresarial. Essa gestão surge do levantamento e da seleção de oportunidades e ideias estrategicamente definidas para, depois, implementar recursos e, posteriormente, a inovação.

Figura 4.1 – **Modelo genérico do processo de gestão da inovação**

```
        Levantamento

Implementação   Aprendizagem   Seleção

          Recursos
```

Fonte: Elaborado com base em Reis et al., 2010.

Alguns produtos, principalmente os de caráter tecnológico, necessitam de manutenção e reparo, podendo, temporariamente, deixar de atender ao cidadão. Cabe às empresas prestadoras desse tipo de serviço travar com seus clientes um relacionamento baseado na comunicação e na informação, garantindo ao consumidor o direito à manutenção realizada pela empresa. A disponibilização de materiais e serviços, como atendimento gratuito por telefone, canais de comunicação pela internet, certificados de manutenção e garantia, selo de qualidade, treinamento de manual, entre outros, são diferenciais no mercado.

> O mercado é a razão de ser para qualquer organização, seja ela industrial, agrícola, comercial ou de serviços. Sem a existência de um mercado comprador para seus produtos ou serviços nenhuma empresa sobrevive. É por isso que os mercados são procurados com afinco pelos pesquisadores de marketing. Independentemente da natureza de seus produtos ou serviços, toda a organização em algum momento de sua existência defronta-se com dilema da identificação de mercados e com a consequente busca de sua quantificação. (Cobra, 2009, p. 56)

Assim como todos os seres vivos, os produtos apresentam um ciclo de vida, ou seja, nascem, crescem, amadurecem e entram em declínio. No entanto, Kotler e Keller (2006) ressaltam que nem todos os produtos passam por todos os estágios de ciclo de vida.

Inicialmente, o produto é **introduzido no mercado**, e essa etapa é lenta, pois o produto acaba de ser lançado e as vendas são relativamente lentas. A **fase de crescimento** acontece quando o público-alvo descobre a existência do produto, e as vendas crescem. Nesse momento, cresce também a concorrência. Quando o produto atinge a **maturidade**, a competição de mercado é bastante acentuada. A **fase de declínio** refere-se ao final da vida útil do produto ou serviço no mercado. Vários fatores podem promover a obsolescência de um produto, desde o preço até o apelo estético. Todavia, o fator de maior impacto é a perda de diferenciação tecnológica. Nessa etapa, é possível retirar o produto ou serviço das prateleiras ou diminuir sua produção. A Figura 4.2 representa graficamente o ciclo de vida de um produto.

Figura 4.2 – **Ciclo de vida de um produto**

Nesse contexto, Kotler e Keller (2006) apontam que produtos e serviços têm vida limitada, pois as vendas passam por estágios distintos, e os lucros sobem e descem nesses estágios, necessitando de diferentes estratégias de produção, financeiras, de marketing, de compras e de recursos humanos para se manter no mercado por mais tempo.

O ciclo de vida do produto é uma ferramenta para as decisões estratégicas de marketing. Dessa forma, o gestor de marketing pode ter maior clareza de qual posição seu produto ou serviço ocupa no mercado para a tomada de decisões.

4.1 Posicionamento

Posicionamento é a postura assumida por uma empresa frente ao cenário de seus clientes e concorrentes. A definição do posicionamento é o resultado do plano de marketing descrito em consonância com a missão da empresa.

Para qualquer tipo de negócio, o posicionamento de uma empresa frente ao mercado é um fator de suma importância para o sucesso do produto ou serviço colocado à venda. O primeiro passo é conhecer o cliente ou o público-alvo, ou seja, para quem se está vendendo, dessa forma, o marketing pode posicionar seu produto ou serviço no nicho de mercado correto. Essas ações requerem empenho, estudo e pesquisas.

Se for identificado que as pessoas se interessam por determinado tipo de produto ou serviço, é preciso posicioná-lo frente ao mercado específico. Uma forma de se posicionar é escolher uma classe social, ou seja, determinar para quem se está vendendo. Conforme o público, as estratégias de comunicação, preço, embalagem, entre outras que envolvem um bem tangível ou intangível, devem ser diferenciadas.

O posicionamento de mercado depende da empresa, que define onde quer estar alocada. No Brasil, por exemplo, a classe C é a que conta com maior número de pessoas e está entre as que mais compram.

Uma estratégia competitiva para o marketing é saber onde posicionar seus produtos e serviços, possibilitando que os consumidores comprem. Essa é uma decisão que deve ser sutil, para que se possa posicionar corretamente os produtos e os serviços no mercado.

Para que a empresa tenha um melhor direcionamento na determinação de seu posicionamento quanto aos produtos e serviços comercializados por região geográfica, a taxa de urbanização auxilia bastante. Veja na Tabela 4.1 essa taxa, de acordo com o Censo Demográfico de 2010, realizado pelo Instituto Brasileiro de Geografia e Estatística (IBGE, 2010b).

Tabela 4.1 – **Taxa de urbanização por regiões do Brasil**

Divisões territoriais	Taxa de urbanização (%)
Sul	84,9
Sudeste	92,9
Norte	73,6
Nordeste	73,1
Centro-Oeste	88,8

Fonte: IBGE, 2010b.

O plano de marketing pode ser comparado a uma receita de bolo, em que há passos a serem seguidos para que a empresa alcance seus objetivos e o posicionamento desejado no mercado. Contudo, o mercado é incerto, então é preciso que o marketing constantemente reveja seu plano de ação para manter a posição almejada no mercado.

4.2 Vantagem competitiva

Você é uma pessoa competitiva? Será que no marketing estratégico a competitividade é vista do mesmo modo que em nossa vida pessoal? Vamos entender mais sobre esse assunto!

A busca pela vantagem competitiva está presente em todos os segmentos empresariais, sendo considerada a principal razão da elevação da *performance* das organizações. "Para a vantagem competitiva há a procura em identificar propriedades específicas e combinações individuais de produtos e mercados que dão à empresa uma forte posição concorrencial" (Ansoff, 1965, p. 93, tradução nossa).

Na prática, a vantagem competitiva pode ser obtida pelo somatório de esforços, que vão desde o desenho do produto até sua produção, mas é nos pequenos detalhes – pontualidade, entrega, estética, embalagem, pós-venda, processos de comunicação com o cliente, entre outros atributos de atendimento – que a empresa pode se diferenciar frente aos concorrentes e obter vantagens.

Para obter vantagem competitiva, as empresas devem agregar valor a seus produtos e serviços frente a clientes e concorrentes. Conforme Porter (1985, p. 3, tradução nossa),

> Vantagem competitiva surge, fundamentalmente, do valor que uma empresa é capaz de criar para seus compradores, valor este que excede o custo da empresa em criá-lo. Valor é o que os compradores estão dispostos a pagar, e valor superior provém da oferta de preços inferiores aos dos concorrentes para benefícios equivalentes ou o fornecimento de benefícios únicos que mais do que compensam um preço superior. Existem dois tipos básicos de vantagem competitiva: liderança de custos e diferenciação.

Em muitas empresas, a entrega de produtos e serviços com pontualidade não é levada tão a sério quanto deveria. Muitas vezes, essa atividade é delegada a terceiros, impedindo que os objetivos iniciais de entrega sejam alcançados.

Slack, Chambers e Johnston (2002) apontam que, quando os clientes fazem uma compra, não estão apenas comprando um produto ou serviço, estão adquirindo um conjunto de benefícios para atender às suas necessidades e expectativas.

A preocupação com a entrega é um fator de grande relevância, pois é por meio dela que o cliente percebe a responsabilidade e a organização da empresa. Ela é um fator que pode se tornar uma vantagem competitiva, sendo uma extensão da credibilidade da marca.

De acordo com Vieira (2008), a marca deve estar impregnada de ideologia (conjunto de crenças que estabelece uma conduta), ou seja, devem existir valores e princípios que a sustentam para que as pessoas que gravitam em torno dela acreditem nesses valores e princípios e os tomem como compromisso de conduta, contribuindo na formação de um conceito coerente com os propósitos da marca.

A estética, por sua vez, desempenha papel fundamental no mercado, promovendo a vantagem competitiva de um produto. Essa promoção pode estar presente também nas embalagens, tanto primárias quanto secundárias ou terciárias. Nos últimos anos, as empresas vêm investindo em pesquisa e desenvolvimento para o lançamento de novos produtos com estética diferenciada, atingindo emocionalmente o consumidor.

Sob a ótica do consumidor, fatores como confiança e tradição de um produto ou serviço estão diretamente ligados à sua marca, determinando seu *status* frente ao mercado e agregando valor. No mercado consumidor, muitas marcas viram sinônimo de produto.

O processo logístico de deslocamento de um produto do estoque até o consumidor é um dos fatores que levam à vantagem competitiva. Essa etapa é de responsabilidade da empresa fornecedora ou de uma terceirizada contratada por ela. Para o eficaz atendimento ao cliente, o controle de entrega do produto deve ter o acompanhamento e a supervisão de quem efetuou a venda, devendo ser gerenciados aspectos relacionados à qualidade da entrega, à agilidade e à pontualidade. Algumas empresas utilizam serviços de apoio da tecnologia da informação para monitorar essa etapa de atendimento ao cliente. Para Simchi-Levi, Kaminsky e Simchi-Levi (2009), a tecnologia da informação é um importante facilitador da gestão da cadeia de suprimentos. Em geral, ela se estende por toda a corporação, e vai além da entrega do produto acabado, abrangendo fornecedores e clientes.

Empiricamente, é possível verificar o esforço das empresas em adquirir tecnologias que as auxiliem na busca de uma excelência na cadeia, de modo a contribuir com seus fornecedores, abastecendo-os de informações.

> Uma perspectiva diferente para as oportunidades e os desafios da TI [tecnologia da informação] para as cadeias de suprimentos consiste na consideração de alguns dos objetivos da TI à medida que eles se relacionam com a gestão da cadeia de suprimentos e suas exigências específicas. Algumas companhias e setores estão tão longe de atingir esses objetivos, ao passo que outras estão a caminho de concretizar muitos deles. (Simchi-Levi; Kaminsky; Simchi-Levi, 2009, p. 485)

A infraestrutura em tecnologia da informação exige, além de dispêndio financeiro, treinamento em mão de obra, pois ela oferece apenas a informação, necessitando de pessoas especializadas que a gerenciem e a convertam em conhecimento para a cadeia de suprimentos.

Ainda segundo Simchi-Levi, Kaminsky e Simchi-Levi (2009, p. 32), "a disponibilidade do sistema de informação quanto ao *status* de produtos e materiais é a base sobre a qual são tomadas todas as decisões inteligentes sobre a cadeia de suprimentos".

A instalação de um produto que garanta funcionalidade e cumpra os requisitos técnicos de qualidade e bom funcionamento também pode se tornar uma vantagem competitiva das empresas no mercado.

No mercado globalizado, é de suma importância que as empresas estejam preparadas para atuar competitivamente. A implementação de ações, principalmente a baixos custos, que agreguem valor e proporcionem benefícios aos clientes, possibilita que os produtos e serviços se destaquem frente aos demais.

Vimos que a vantagem competitiva de uma organização é fruto das ações implementadas pelo planejamento de marketing.

4.3 Produto

Como profissional de marketing, a essa altura você já deve saber que o produto vai muito além de um item na vitrine. Aqui, entenderemos mais sobre ele e seu planejamento.

Para que um produto seja lançado no mercado, deve haver, inicialmente, planejamento, estudo estratégico dos ambientes interno e externo e de seus potenciais clientes. Rayol e Moreira (2007) apontam que o planejamento "é pensar antes de agir; é um cálculo que deve ser feito antes, durante e depois de qualquer ação, tornando possível a execução de tarefas necessárias aliadas à adequação de custos e oportunidades.

Segundo Kotler e Keller (2006, p. 41), o planejamento "é o instrumento central para direcionar e coordenar os esforços de marketing. O marketing estratégico estabelece os mercados-alvo e a proposta de valor que será oferecida, com base em uma análise das melhores oportunidades de mercado".

O planejamento de um produto é importante para que os objetivos organizacionais sejam alcançados com sucesso. Conforme Kotler e Armstrong (1993, p. 30), produto é "algo que pode ser oferecido a um mercado para apreciação, aquisição, uso ou consumo e para satisfazer um desejo ou uma necessidade".

Nessa perspectiva, são traçados planos para atender às necessidades de consumo e às expectativas dos clientes. No planejamento, há também a análise do ambiente de negócios da empresa e dos mercados interno e externo, nos quais deve ser identificada a oportunidade de inserção ou não de um produto.

> O importante no planejamento de negócios é a jornada. O plano é seu ponto de partida. Ele traça um caminho até seu destino. Identifica quais os principais riscos e perigos a evitar no caminho. Oferece estratégias para lidar com vendavais e obstáculos. Apresenta marcos para confirmar o seu progresso. Ajuda a esperar o inesperado. Com um bom plano de negócio, você sabe onde começou, aonde está indo e como chegar lá. (Stutely, 2012, p. 31)

O ciclo PDCA é uma ferramenta de gestão e qualidade que pode ser utilizada no planejamento do lançamento de um produto, objetivando o alcance dos resultados desejados. Ele apresenta quatro fases:

1. Planejamento – são identificadas as ações a serem tomadas.
2. Execução – são executadas as tarefas estabelecidas no plano.
3. Verificação – é feita a comparação entre as diretrizes preestabelecidas e os resultados obtidos.
4. Ação corretiva – são corrigidas as irregularidades encontradas, realizando as mudanças necessárias.

Observe a Figura 4.3, que representa essa ferramenta.

Figura 4.3 – **Ciclo PDCA**

Diagrama circular dividido em quatro quadrantes:
- 1 Planejamento
- 2 Ação corretiva
- 3 Verificação
- 4 Execução

Fonte: Elaborado com base em Vieira Filho, 2010.

Segundo Vieira Filho (2010, p. 24), "o PDCA é um método que gerencia as tomadas de decisões de forma a melhorar atividades de uma organização, sendo, também, muito explorado na busca da melhoria da *performance* de um produto, por exemplo".

O marketing deve compreender que um produto não é só um bem tangível adquirido em um mercado, mas sim algo que agrega valor e satisfaz às necessidades dos clientes. Uma vez que as pessoas são diferentes, os produtos também devem ser.

Ao planejar um produto, o marketing deve determinar valores a ele de maneira hierarquizada, definindo níveis de necessidade e interesse. Nesse aspecto, agregar valor ou não a um produto depende do ambiente e das características do público-alvo.

Os objetivos representam tudo o que se quer atingir, e é possível fazê-lo por meio de táticas e estratégias incluídas no plano. "Os objetivos representam aonde se quer chegar, e as estratégias orientam como chegar" (Las Casas, 2011, p. 70).

Um produto é composto de níveis, observe quais são eles na Figura 4.4.

Figura 4.4 – **Níveis do produto**

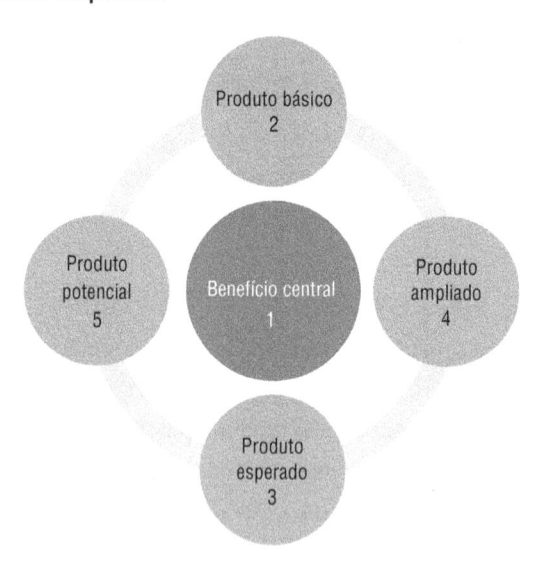

```
                    Produto básico
                          2

    Produto                                  Produto
    potencial     Benefício central          ampliado
        5                 1                      4

                      Produto
                      esperado
                          3
```

Fonte: Elaborado com base em Kotler, 2006.

O **benefício central** equivale ao **nível 1** de importância do produto e refere-se às necessidades básicas do consumidor, as quais, normalmente, estão ligadas ao ambiente, tais como frio, calor, chuva, locomoção etc.

O **nível 2** refere-se à habilidade do profissional de marketing em transformar o benefício central em um **produto básico**. Por exemplo, um carro deve ter portas, bancos etc.

O **nível 3** diz respeito ao **produto esperado** para atender aos desejos explícitos do consumidor, por exemplo, o conforto. Nesse nível, o consumidor compara o produto de uma empresa com os concorrentes, tornando-se mais exigente em suas escolhas, buscando atendimento mais específico de suas expectativas. Por exemplo, a busca de um carro mais silencioso.

O **nível 4** está na transformação, pelo marketing, de um produto em **produto ampliado**, baseando-se nas necessidades e nos comportamento do consumidor. À medida que o consumidor se adapta a um produto e, com o tempo, tende a descartá-lo, o marketing agrega mais valor a ele, aumentando também os custos, o que acarreta o aumento do preço de venda. Ainda considerando o exemplo do carro, esse nível equivaleria a um equipamento que, antes considerado um acessório (por exemplo, um rádio), passaria a ser um item obrigatório. Nesse sentido, Andrade (2010, p. 122) aponta que "o preço de um determinado produto ou serviço envolve a questão de valoração, na qual estão inseridos aspectos relativos às expectativas e necessidades, e não apenas ao custo de produção ou de prestação de serviço".

O **nível 5** é o **produto potencial**, aquele em que há o atendimento de necessidades futuras, implícitas do consumidor. Nesse nível, as empresas buscam satisfazer plenamente seus clientes, surpreendendo-os ao se diferenciar no mercado.

As características básicas de um produto classificam-se quanto à durabilidade, à tangibilidade e ao tipo de consumo. Para cada tipo de produto, o marketing deve dedicar estratégias específicas e adequadas, considerando os níveis de uso e consumo dos produtos.

Bens não duráveis são produtos tangíveis de rápido consumo, que contam com um curto ciclo de vida, baixo poder de compra e que são adquiridos com frequência pelo consumidor. São exemplos: sabonete, pasta de dente, fralda, absorvente, papel higiênico, refrigerante, entre outros. Em relação a esses produtos, o marketing utiliza estratégias numéricas e visuais para colocá-los no maior número de pontos de venda possíveis e no olhar direto do consumidor, induzindo à experimentação, à preferência ao consumo.

Antes de prosseguirmos, vamos fazer um rápido exercício: pense em cinco bens não duráveis. Agora, verifique se algum deles está representado na Figura 4.5.

Figura 4.5 – **Bens não duráveis**

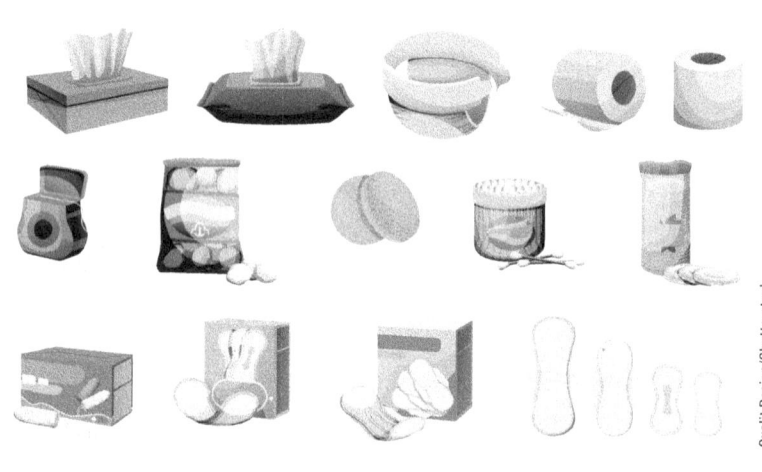

Qualit Design/Shutterstock

Os bens duráveis são tangíveis e têm período de vida mais longo, podendo ser comercializados em pontos fixos ou pela internet. Apresentam maior preço de venda e maior lucro, porém o consumidor espera maiores garantias de qualidade, durabilidade e assistência técnica. São exemplos: geladeiras, fogões, máquinas de lavar roupas, forno de micro-ondas, ferramentas etc.; a Figura 4.6 representa alguns deles.

Figura 4.6 – **Bens duráveis**

Esraa Khamis/Shutterstock

Os hábitos de compra de produtos dependem do padrão de consumo, o qual pode variar de acordo com a época do ano, por modismo, saúde ou influência de terceiros, puxando as compras para cima ou para baixo.

A pandemia da Covid-19 no Brasil, por exemplo, elevou o consumo de máscaras de tecido e álcool em gel para salvaguardar a saúde dos cidadãos. O período de Páscoa puxa para cima os hábitos de consumo de chocolate e de inovações nesse segmento. No Natal e no Ano Novo, o consumo de panetones e de outros produtos como frutas, carnes, queijos e peixes especiais, tradicionalmente servidos nas ceias, aumenta. Após esses períodos sazonais, as compras de determinados tipos de produtos tendem a cair.

Os produtos de conveniência, como revistas, jornais, balas, doces etc., são comprados com frequência pelos consumidores e localizados com facilidade. A Figura 4.7 representa alguns desses produtos.

Figura 4.7 – **Produtos de conveniência**

Pavlo Plakhotia/Shutterstock

Os produtos de conveniência são divididos em básicos, por impulso ou emergência, como mostra a divisão na Figura 4.8.

Para que fixar esse conteúdo, reflita sobre qual categoria você mais consome em sua vida pessoal e em como o marketing influencia essa escolha.

Figura 4.8 – **Divisão dos produtos de conveniência**

- Básicos
- Produtos de conveniência
- Emergência
- Impulso

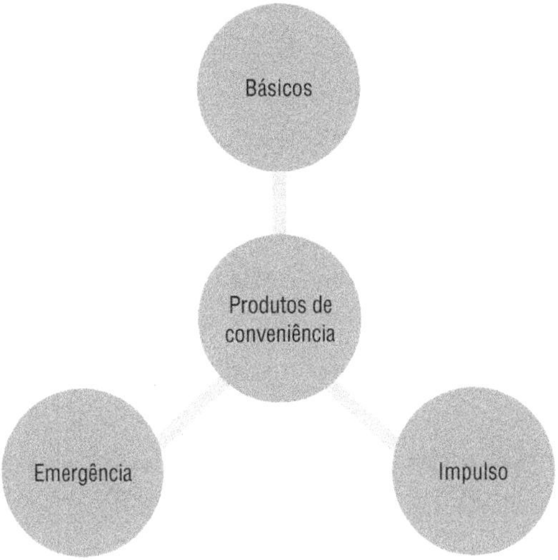

Fonte: Elaborado com base em Paixão, 2007.

Os produtos básicos são usados pelo consumidor com frequência e podem estar na categoria de alimentação, como pães e leite, de higiene ou de limpeza. Já os produtos classificados pelo marketing como por **impulso** (balas, doces, revistas, cruzadinhas, bebidas etc.) são comprados sem planejamento pelo consumidor, sendo disponibilizados estrategicamente em prateleiras e gondolas para induzir às compras. Por fim, os produtos de **emergência** são adquiridos para ocasiões emergenciais e/ou eventuais, como guarda-chuvas, lanternas, protetor solar etc.

Nas indústrias, os produtos são divididos em matérias-primas e peças manufaturadas. As **matérias-primas** são os materiais e as peças utilizados no processo de produção. Eles são diversificados e dependem do ramo de atuação da empresa. São exemplos: madeiras, grãos, algodão, tecidos, óleos, minérios de ferro etc. As **peças manufaturadas** são componentes do processo produtivo, como pneus, motores, peças moldadas, placas de vídeo etc.

Os **serviços**, por sua vez, são produtos intangíveis e requerem conhecimento técnico dos sujeitos que desenvolvem as atividades, sendo que o consumidor espera deles qualidade, credibilidade e confiabilidade. São exemplos de serviços: cabeleireiros, estéticas em geral, dentistas, advogados, consultoria, entre outros.

De maneira geral, os produtos devem ser diferenciados para acompanhar a dinâmica do mercado moderno com mais eficiência. Cabe aos profissionais de marketing aprimorar constantemente seus estudos para atender ao perfil dos consumidores. Com isso, os produtos estarão em constante desenvolvimento e aprimoramento de suas características iniciais.

Chaosamran_Studio/Shutterstock

Capí-
tulo 5

MARCAS

O cliente tende a classificar o preço de produtos e serviços pela marca, no reconhecimento de potencial de autoestima e valor agregado que ele tem. De modo geral, as marcas investem maciçamente em recursos de marketing para despertar no consumidor necessidades implícitas e explícitas para o uso de determinado produto ou serviço, induzindo à compra. "O sucesso financeiro, muitas vezes, depende da habilidade de marketing, finanças, operações e contabilidade, já outras funções de negócios não terão sentido se não houver uma demanda para produtos e serviços suficiente para que a empresa obtenha o lucro" (Kotler; Keller, 2006, p. 2).

A imagem da empresa, com frequência, está atrelada à sua marca, a qual é composta de nome e logotipo – com uma ou mais cores, arquitetura gráfica e comunicação coerente em relação à imagem e à linguagem que impregna os ambientes e atinge o consumidor (Petit, 2010).

Na definição da logomarca, a cor representa uma ferramenta poderosa de transmissão de ideias, atmosferas e emoções e pode captar a atenção do público de maneira forte e direta, sutil ou progressiva (Barros, 2009). Além disso, a cor também tem ação estimulante entre os indivíduos e eficiência em reter a sua atenção (Sant'Ana; Rocha Junior; Garcia, 2016). Assim, as cores, desde que adequadas, formam uma atmosfera agradável e apropriada ao espírito da mensagem ou ao próprio produto, pois, como dito, elas têm o poder de evocar sentimentos e sensações.

Vieira (2008) afirma que a marca deve estar impregnada de ideologia (conjunto de crenças que estabelece uma conduta), ou seja, devem existir valores e princípios que a sustentam para que as pessoas que gravitam em torno dela acreditem nesses valores e princípios e os tomem como compromisso de conduta, contribuindo na formação de um conceito coerente com os propósitos da marca.

Você sabia que as empresas atendem seus clientes ofertando a eles uma proposta de valor? Isso mesmo! Um conjunto de benefícios que atenda às suas necessidades e expectativas.

A proposta de valor de um produto é intangível, ou seja, não é possível materializá-la. A marca, portanto, é a interpretação do significado de um produto, carregando sua oferta e seu valor. Para muitos consumidores, ela é interpretada como benefícios, enquanto para as empresas, quanto mais forte for, mais valor monetário gerará.

Segundo a American Marketing Association (AMA) (citada por Kotler; Keller, 2006, p. 269), a *marca* é definida como "um nome, termo, sinal, símbolo ou *design*, ou uma combinação de tudo isso", indicada para produtos e serviços de uma empresa, diferenciando-a das demais.

A construção e o posicionamento da marca são aplicáveis para todos os ramos de atividade empresarial, sendo fundamental para o sucesso do produto ou serviço. Com isso, pela marca é possível que as vendas possam ser ainda mais potencializadas, mas, para tanto, as empresas devem tomar decisões estratégicas que as levem a entender e a se posicionar no mercado.

Agora que compreendemos o conceito de marca e como ela nos influencia, vamos entender o preço.

5.1 Preço: formação

A formação do preço de venda faz parte de um planejamento estratégico que passa por estudos de vários setores, entre eles o financeiro. Para Kotler (2006, p. 56), "O marketing é a arte de encontrar e desenvolver oportunidades, e lucrar a partir delas".

Independentemente de porte ou ramo de atuação de uma empresa, o setor financeiro é o coração, sendo responsável por sua sobrevivência. Cabe ao departamento financeiro desenvolver métodos para salvaguardar os recursos da empresa. Vale ressaltar que nem sempre os negócios movimentam dinheiro em espécie. Muitos bens intangíveis, por exemplo, marcas e patentes, podem fazer parte de negociações e permutas, pois têm um valor que representa um montante em dinheiro.

Segundo Wernke (2008, p. 5), a *administração financeira* é

> um conjunto de métodos e técnicas utilizados para gerenciar os recursos financeiros da entidade, objetivando a maximização do retorno do capital investido pelos acionistas. Ou seja, cabe ao gestor das finanças da empresa a tarefa de utilizar seu conhecimento técnico e as ferramentas gerenciais disponíveis com a finalidade de aumentar a riqueza dos investidores.

No planejamento de marketing, deve constar a interação contínua com o setor financeiro da empresa, objetivando que as metas estabelecidas para a venda de um produto ou serviço sejam alcançadas. A análise das várias alternativas de investimento, observando qual delas é a menos onerosa e estabelecendo o montante de recursos a ser investido, é um grande diferencial na determinação do preço de venda.

O planejamento de marketing também tem outra atribuição: não deixar que faltem recursos, desde o momento da produção até a entrega ao cliente. Uma organização não pode pensar somente no tempo presente, ela precisa ter uma visão de médio e longo prazos.

A determinação do preço de um produto no mercado também define sua posição frente aos concorrentes. Os produtos básicos tendem a ser influenciados pelo mercado na formação do preço de venda. Para outros tipos de produto, o preço é definido pela lei da oferta e da demanda. Se houver mais interessados pela compra, a tendência é que o preço se eleve, ou seja, quando a oferta é maior que a demanda; mas, quando não há tantos interessados pelo produto, ou pessoas dispostas a pagar o preço dele, a tendência é a de redução do preço. Entre os vários fatores que interferem nas oscilações de preço no mercado, está a lei da oferta e da demanda. De acordo com Fernandes (2018), "Demanda é a quantidade de um determinado produto ou serviço que os consumidores desejam adquirir num determinado período de tempo".

Com o advento das novas tecnologias no mercado globalizado, a ideia de preços fixos praticamente deixou de existir. A internet e os recursos tecnológicos permitem que o consumidor compre um bem ou adquira um serviço em qualquer parte do mundo.

Para que o preço seja determinado, é preciso que o marketing estude o comportamento do consumidor e seu poder aquisitivo. Esses fatores são fundamentais para definir o poder de compra de um cidadão.

Os investidores, antes de determinarem o preço de venda de seus negócios, devem realizar o levantamento de custos. Nesse levantamento, é possível verificar se o negócio é viável e quanto dinheiro será necessário para concretizá-lo, bem como o retorno que ele dará e em quanto tempo (Fernandez, 2010).

O custo envolve todos os valores fixos e variáveis de um produto ou serviço, como matérias-primas, água, luz, mão de obra, aluguel etc. O valor, por sua vez, é o que se percebe no produto, mas o consumidor não consegue mensurar apenas pagando por ele. Os custos fixos são aqueles que não variam, independentemente do volume da produção (Hoji, 2003).

É com base nessa lógica de formação de preço, em que são mensuradas a oferta, a demanda e os custos, que as empresas procuram agregar valor a produtos e serviços.

Na lógica de compras do mercado, a tendência da formação de preço é em relação à qualidade e à oferta de um produto ou serviço. Todavia, qualidade superior não é sinônimo de preços elevados. Produtos e serviços de qualidade com preços superiores podem se justificar pela aplicação de novas tecnologias e matérias-primas diferenciadas.

Existem alguns fatores que as empresas devem considerar na formação do preço de venda, a saber:

- objetivos da empresa;
- demanda – previsão do que a empresa espera vender;
- estimativa e análise de custos – recursos necessários para executar o produto ou serviço;
- preços e ofertas dos concorrentes – analisar o que o mercado está ofertando nas perspectivas de preço de venda;

- metodologia de preço – elaborar "a receita do bolo", ou seja, os passos que devem ser seguidos até a composição do preço de venda;
- preço final de venda – aquele que é colocado no mercado para a aquisição dos clientes.

O preço de venda é um elemento desafiador, mas ao mesmo tempo fundamental para o sucesso das estratégias de marketing. Como salienta Resende (2013, p. 14),

> Um dos principais desafios enfrentados por você, empresário de empresas de pequeno porte, é estabelecer uma prática de formulação e análise de preço que seja confiável, contabilize todos os custos e despesas envolvidas neste processo e que torne sua organização mais competitiva e lucrativa.

Além do retorno sobre os investimentos, os preços também vão proporcionar crescimento e perenidade ao negócio.

Outros elementos também devem ser observados na formação de preços, entre eles: distribuição dos custos comuns entre produtos e serviços (rateio dos custos); apontamento do volume de produção para cálculo do custo unitário; identificação de todos os tributos que incidirão sobre o produto e suas alíquotas; tratamento dos custos variáveis não padronizados, que podem ser os custos de operação, como venda por cartão de débito ou de crédito; inclusão de todos os custos de oportunidade, por exemplo, custo de capital investido e depreciações. O preço ideal de venda é aquele que cobre os custos do produto ou serviço e ainda proporciona à empresa o retorno desejado.

Uma vez determinados os custos e o preço de venda de um produto ou serviço, é necessário avaliar os preços praticados pela concorrência, bem como todas as vantagens oferecidas até a entrega do bem ao cliente. Essa tarefa cabe ao marketing, objetivando a tomada de decisão com base nas preferências do consumidor. Para Kotler e Keller (2006, p. 340), "Os concorrentes são empresas que atendem às mesmas necessidades do cliente".

Há diversos métodos de seleção e determinação de preço de um produto, e um dos mais utilizados pelas organizações tem como base o *markup* (margem de lucro) sobre os custos totais, que pode variar de 10% a 100%. Esse método consiste na apuração do custo de produção ou operação sobre o qual é aplicado o percentual de *markup* desejado. O preços praticados devem seguir próximos aos cobrados por estabelecimentos de mesma natureza e podem ser alterados a qualquer momento em razão de reajuste ou substituições de fornecedores.

O papel dos fornecedores dentro da logística moderna é o de parceiros operacionais. "Esse conceito exige um relacionamento aberto, que compreende desde o desenvolvimento conjunto do produto até contratos de fornecimento com preços, qualidade e prazos sujeitos a uma mútua administração, visando à conservação do mercado pela contínua satisfação do cliente" (Martins, 2009, p. 337).

Contudo, existem outros métodos de determinação de preços utilizados pelo mercado, confira alguns deles a seguir.

- **Preço de retorno-alvo**: a empresa determina um percentual de preço de venda sobre o percentual de retorno do capital investido.
- **Preço de valor percebido**: considera a percepção do consumidor em relação ao produto para a formação do preço de venda. O marketing, nesse contexto, utiliza ferramentas de

publicidade e propaganda para aumentar a percepção do cliente em relação ao produto.
- **Determinação de preço com base no valor**: busca reduzir os custos com a produção para repassar menores preços de venda ao cliente, sem, contudo, descartar a qualidade do produto.
- **Determinação dos preços de mercado**: baseia-se na prática de preços de seus concorrentes, estabelecendo um consenso no valor do preço de venda.
- **Determinação dos preços por leilão**: é pouco explorado no mercado brasileiro em comparação com países europeus. Nele, as empresas buscam determinar os preços de venda com base em consultas de leilões, como os virtuais.

Os estudos que levam à formação do preço de um produto ou serviço são de suma importância para os profissionais de marketing, pois, no momento da compra, um dos fatores de mais influência é, sem dúvida, o preço do produto oferecido. O processo de formação de preços é muito mais do que o simples acumular de custos e o acréscimo de uma margem de lucro. Na formação de preços, é necessário ter o cuidado de não deixar escapar nenhum item do custo. O preço calculado deve satisfazer tanto ao cliente quanto ao vendedor, de modo que um não se sinta lesado e o outro amargue com o prejuízo da venda. "Uma administração de marketing bem-sucedida requer determinadas capacidades, como entender o valor para o cliente, criar valor para o cliente, entregar valor para o cliente e sustentar valor para o cliente" (Kotler; Keller, 2006, p. 40).

Ao realizar uma compra, o cliente sempre busca a relação custo-benefício para obter vantagens. Assim, o preço é a expressão monetária do valor de um produto ou serviço, cabendo ao marketing analisar a disposição ou não dos clientes em pagar o que foi estipulado no mercado.

A seguir, veremos como ocorre o ajuste de preços.

5.2 Preço: novos produtos e ajustes

Uma empresa deve sempre considerar fatores de mercado, como faixa salarial, de escolaridade e preferências do público-alvo, antes do lançamento de um produto, além de acompanhar economia do local de inserção do novo produto ou serviço, o que possibilita ou não o ajuste de preços. "O preço de um determinado produto ou serviço envolve a questão de valoração, na qual estão inseridos aspectos relativos às expectativas e necessidades, e não apenas ao custo de produção ou de prestação de serviço" (Andrade, 2010, p. 122). Para McCarthy e Perreault Junior (citados por Andrade, 2010, p. 117), "preço envolve muitas estratégias dos setores da organização, pois as decisões tomadas afetam tanto o volume de vendas quanto a lucratividade da empresa".

Assim, um dos desafios do marketing é preparar bons profissionais para efetuar a venda. Profissionais capacitados estudam necessidades e desejos do público-alvo, direcionando produtos bem definidos a ele. À medida que a necessidade do cliente é superada, agregando mais valor aos produtos e serviços e superando a oferta dos concorrentes, é possível ajustar os preços de venda. Para Maximiano (2011, p. 361), "ao avaliar a concorrência, o empreendedor deve buscar as seguintes informações principais: número de competidores, alcance de seus canais de distribuição, suas políticas de preços e suas vantagens competitivas".

O potencial do mercado consumidor é bastante complexo, pois é composto de variadas pessoas com necessidades diferentes. Saber o que elas realmente querem comprar é uma tarefa do marketing, que deve colocar o produto certo nas prateleiras dos pontos de venda.

Ao propor um novo produto, é preciso ter a certeza de que ele será aceito e absorvido pelo mercado. Para uma maior assertividade, o gestor empresarial pode planejar a aplicação de uma pesquisa de marketing. Para Maximiano (2004, p. 24), "a função do marketing é preservar a união entre a empresa e seus clientes". Todo o tipo de empresa cria seu próprio marketing, abrangendo atividades de pesquisa, desenvolvimento de produtos, canais de distribuição, preço, promoção e vendas.

A pesquisa de marketing refere-se à aplicação de questionários, entrevistas *on-line*, por correio, telefone ou pessoalmente. Com os resultados dessas pesquisas, são obtidos dados claros e precisos para a tomada de decisão dos gestores. A Associação Nacional de Empresas de Pesquisa de Mercado (Anep) (citada por Gonçalves, 2011, p. 31), define *pesquisa de mercado* como "a coleta sistemática e o registro, classificação, análise e apresentação objetiva de dados sobre hábitos, comportamentos, atitudes, valores, necessidades, opiniões e motivações de indivíduos e organizações dentro do contexto de suas atividades econômicas, sociais, políticas e cotidianas".

Uma pesquisa só tem sentido se os objetivos estiverem bem delimitados. Para Kotler e Keller (2006), a pesquisa de marketing apresenta seis etapas:

1. definição do problema de pesquisa, após o levantamento de hipóteses;
2. desenvolvimento do plano de pesquisa, como serão coletadas as informações;
3. coleta de informações, essa fase requer investimento financeiro, principalmente de tecnologia de informação;
4. análise das informações quantitativas e/ou qualitativas;
5. apresentação dos resultados, das conclusões obtidas aos interessados;
6. tomada de decisões pelos gestores, que podem aceitar ou não os resultados da pesquisa.

A pesquisa de marketing, seja quantitativa, seja qualitativa, determina os cenários atuais do mercado, os quais, muitas vezes, são subestimados, ocasionando o insucesso do produto.

Cada vez mais, as empresas têm buscado sistemas de informação para realizar pesquisas precisas com seu público-alvo, a fim de nortear a inserção de novos produtos e a tomada de decisões para o reajuste ou não de preços no mercado.

O lançamento de um produto ou serviço requer orçamento específico. A análise da viabilidade financeira requer auxílio do marketing e de outros departamentos da organização para avaliar os valores de propagandas e promoções, de maneira que ocorra a execução das tarefas planejadas.

5.3 Ponto

Diariamente, deparamo-nos com pontos de venda, desde os alocados próximos a nossa residência até as lojas de conveniência de postos de gasolina, gôndolas de supermercado, padarias, clínicas e consultórios ou estantes de *shoppings centers*. Os *sites* de compra pela internet também são considerados pontos de venda.

É de suma importância que o gestor de marketing esteja atento ao local onde o produto ou serviço será disponibilizado ao cliente, e a escolha do ponto deve fazer parte do plano estratégico de negócios, analisando-se, inclusive, a alocação física de seus concorrentes diretos e indiretos.

O principal objetivo de um ponto de venda é ser a referência física para os clientes. Por isso, é preciso delimitar o espaço geográfico de vendas, o qual pode estar alocado em um ou mais bairros, cidades, estados ou países.

> O desenvolvimento do plano estratégico de negócios é responsabilidade da alta administração. Utilizando informações de marketing, de finanças e de produção, o plano estratégico de negócios fornece uma estrutura que estabelece objetivos e metas para planejamento posterior pelas áreas de marketing, de finanças, de engenharia e de produção. (Arnold, 1999, p. 20)

O ponto de venda, também conhecido na literatura como *PDV*, é o local físico ou virtual em que são realizadas as vendas. O ideal é que o produto comercializado fique exposto permanentemente, sendo de fácil acesso ao cliente, em um arranjo físico, de leiaute, adequado.

Todo produto deve ter um espaço físico e um leiaute devidamente estruturados para realizar as vendas. "*O arranjo físico é muito importante para a produtividade*, pois o fluxo dos processos pode ser otimizado ou prejudicado em função da distribuição física dos equipamentos" (Paranhos Filho, 2012, p. 217, grifo do original).

Desse modo, o PDV deve ser bem organizado, de forma que permita atrair e manter os clientes confortavelmente na loja. Pesquisas revelam que a maior parte das decisões de compra acontece dentro do PDV, em razão do modo como o produto ou serviço é apresentado. O leiaute ou arranjo físico é, também, segundo Slack, Chambers e Johnston (2002), uma das características mais evidentes de uma operação produtiva, porque determina sua forma e aparência. Diferentemente do chão de fábrica, o leiaute de uma empresa não é apenas sua linha de produção, mas também aquilo que o cliente vê, por isso, precisa estar logicamente arranjado, facilitando a movimentação no processo de atendimento, esteticamente bem apresentado, atraindo e despertando o interesse dos clientes.

Vejamos, a seguir, as características fundamentais a um PDV físico:

- funcional e atrativo;
- decorado de acordo com o público-alvo;
- redecorado de tempos em tempos;
- vitrine e fachada da loja organizadas de maneira atrativa e clara;
- iluminação adequada;
- produtos de maior interesse destacados;
- temperatura adequada ao clima da região.

O leiaute tem como objetivo auxiliar a organização física da empresa, como na disposição de móveis, equipamentos e materiais, de modo a deixar os produtos a serem comercializados mais acessíveis e atrativos, facilitar a movimentação interna das pessoas e enfatizar as vendas, ainda que essas ações gerem custos iniciais ao empreendedor. Todavia, se bem gerenciados, os custos para a adequação do PDV rapidamente se converterão em lucros. "O *layout*, ou simplesmente arranjo físico, refere-se à organização dos recursos que serão alocados no espaço físico da empresa envolvendo a disposição de moveis, máquinas, equipamentos, materiais diversos e postos de trabalho, visando a uma melhor *performance* do sistema como um todo" (Gonçalves, 2011, p. 67).

O PDV deve ser pensado e estruturado para atrair e facilitar o deslocamento do consumidor durante as compras, despertando ainda mais a necessidade de consumo. O ponto ideal é aquele próximo ao público-alvo. Com isso, o marketing deve estudá-lo, analisando fatores como a rotina social e profissional.

O gestor de marketing deve também se certificar, por meio de uma consulta comercial, de que o local escolhido para o PDV é permitido, ou seja, se não há ilegalidade junto aos órgãos da prefeitura.

Uma boa localização pode ser o diferencial do negócio em relação aos concorrentes, por isso, essa escolha deve ser realizada estrategicamente. Planejar é pensar antes de agir, é um cálculo que deve ser feito antes, durante e depois de qualquer ação. Desse modo, o número de PDVs depende da estratégia de marketing e da oportunidade de investimentos financeiros para a inserção de produtos e serviços.

Adequado o PDV, o gestor de marketing deve alocar esforços em gestão para o bom atendimento ao cliente, o desenvolvimento de estratégias de publicidade, propaganda e promoção. Os vendedores devem estar preparados tecnicamente para fornecer informações aos clientes, que sempre estarão em busca da excelência no atendimento.

As estratégias de promoção são de suma importância para o aumento das vendas, podendo ser degustação, entrega de brindes, sorteios, cartão fidelidade, entre outras ações planejadas pelo marketing para atrair o cliente.

O dia a dia do PDV faz parte de uma rotina de gestão que vai desde a limpeza e a manutenção até o controle de estoques, garantindo bom atendimento e que não haja falta de produtos para o cliente.

A pesquisa constante junto aos clientes no PDV também faz parte da estratégia de marketing. Com ela, é possível conhecer o perfil e a preferência dos consumidores, o que possibilita o desenvolvimento de novas oportunidades de mercado, aumentando as vendas por meio da fidelização.

5.4 Promoção

A promoção faz parte dos 4 Ps do marketing, que são: produto, preço, praça e promoção. O **produto** é algo que pode ser oferecido ao cliente, atendendo a suas necessidades e seus desejo; o **preço** é a soma de todos os esforços financeiros que o cliente faz para adquirir um produto ou serviço; a **praça** são os meios que o marketing utiliza para chegar até o cliente; e a **promoção** são os meios utilizados para divulgar o produto.

Os 4 Ps formam o mix de marketing, descrito no Quadro 5.1.

Quadro 5.1 – **Mix de marketing**

Produto	Preço	Praça	Promoção
• Variedade	• Lista de preços	• Locais	• Promoção de vendas
• Qualidade	• Descontos	• Transportes	• Propaganda
• *Design*	• Concessões	• Variedades	• Força de vendas
• Marca	• Prazos de pagamento		
• Embalagem	• Condições de financiamento		
• Garantias			
• Devoluções			

Fonte: Elaborado com base em Kotler; Keller, 2006.

Pode parecer simples, mas, em um planejamento estratégico de marketing, a promoção é mais do que a divulgação de um produto, ela faz parte de um sistema de inteligência que encanta e fideliza o cliente.

Estratégias de marketing são planos desenhados para atender às necessidades de promoção de um a fim de atingir o mercado-alvo, identificando, inclusive, novas oportunidades de negócio. Segundo Las Casas (2011, p. 85), "uma vez definidos os objetivos, há a necessidade de uma determinação de que atividades são necessárias para alcançá-los".

Após criar o produto e a marca, o próximo passo é divulgá-lo, ou seja, apresentá-lo ao público nos pontos estratégicos de distribuição, da maneira mais eficiente possível.

A promoção, no marketing, ocorre por meio de diversos canais (mídias digitais, rádio, televisão, fôlder, panfleto, entre outros) e meios de comunicação (formadores de opinião, por exemplo) e pode, até mesmo, ter o auxílio de assessores de imprensa.

A decisão de quais canais de promoção serão utilizados faz parte do planejamento estratégico de marketing, pois depende do público e do mercado-alvo. O importante é garantir a eficácia do canal de comunicação, proporcionando entendimento entre emissor e receptor, ou seja, produto e cliente.

Com uma comunicação efetiva, o produto ou serviço é divulgado com clareza, diminuindo dúvidas e aumentando as chances de venda. Uma promoção estratégica é capaz de fidelizar os clientes e fazê-los indicarem o produto ou serviço a outros.

Segundo Paixão (2007, p. 67), "a fase de introdução do produto tem como característica a lentidão, a qual exige investimento e crescimento de vendas". Algumas táticas podem auxiliar nessa etapa, tais como:

- investir em comunicação;
- acompanhar o nível de aceitação do produto;
- analisar os concorrentes;
- corrigir as falhas.

Todavia, a retroalimentação da comunicação, ou o *feedback*, é um processo fundamental na avaliação do entendimento da mensagem, evitando ruídos ou interferências que possam atrapalhar o processo de vendas e, sobretudo, corrigindo as falhas.

Figura 5.1 – **Canais de comunicação**

As redes sociais são excelentes possibilidades de comunicação a baixos custos, permitindo que empresas de pequeno e médio portes promovam seus produtos e serviços com grande sucesso. No entanto, mesmo onerosa financeiramente, a venda pessoal ou corpo a corpo é uma das mais eficientes ferramentas de marketing para a promoção, pois essa prática permite contato direto entre produto e cliente, de modo a conquistar um mercado ainda maior.

A propaganda, por sua vez, é um braço da promoção e tem como objetivo levar às pessoas conhecimento sobre os produtos, influenciando o consumo. A percepção dos vendedores em relação aos clientes torna-se um canal de comunicação flexível e eficiente, podendo levar à promoção.

De acordo com Gonçalez (2009, p. 7),

> propaganda pode ser definida como ações de atividades ideológicas que tentem a influenciar o homem, com o objetivo político, cívico ou religioso. É o ato de propagar ideias, princípios e teorias sem o fator comercial. [...]

Já a publicidade [...] é conceituada como a arte de tornar público, divulgar um fato ou uma ideia, já com objetivos comerciais, uma vez que pode despertar o desejo de compra, levando-o à ação.

No mercado, há uma diversidade de promoções de vendas, visando atrair a atenção do consumidor, e fica a cargo do marketing determinar as melhores práticas para atingir seus clientes, despertando neles o interesse de efetivar a compra. Vamos conferir algumas dessas opções:

- exposição de produtos e serviços em feiras;
- degustação de produtos e serviços por amostras;
- distribuição de prêmios, cupons, bônus e vales-brindes;
- realização de concursos e jogos culturais;
- desfiles, *shows*, palestras, *workshops* e demais eventos expositivos.

As promoções, por meio de suas diversas áreas de atuação, têm a capacidade de expor os benefícios de produtos e serviços, bem como de enfatizar o nome e a marca da instituição.

A promoção de vendas é um canal direto com o consumidor, pois estimula a experimentação antes da compra, com isso, ganha o cliente consumidor. Ela ainda estimula a repetição da compra e encoraja também a compra em grandes volumes. Facilita a introdução de um novo produto no mercado e ao mesmo tempo é uma ferramenta poderosa para combater concorrentes com estratégias predadoras. (Cobra, 2009, p. 320)

Novos produtos e serviços surgem todos os dias, e a função do marketing vai além de disponibilizá-los no mercado, pois há o desafio de torná-los acessíveis ao consumidor, com preços justos.

5.5 Inovação

Você já deve ter se deparado com esse termo nos últimos anos, não é mesmo? Aqui veremos a importância dele para o marketing estratégico.

A inovação, no marketing, é uma atividade de suma importância e requer a perspicácia do gestor no acompanhamento das tendências de mercado e nas necessidades do público-alvo para o lançamento de novos produtos e serviços que promovam as vendas.

> [...] a missão de uma organização deve ser definida para satisfazer alguma necessidade do ambiente externo e não simplesmente em oferecer um serviço ou produto. Portanto para definir a missão de uma organização algumas perguntas devem ser respondidas, como: Qual o nosso negócio? Quem é o nosso cliente? Que satisfação ele quer ao comprar nosso produto? (Andrade, 2012, p. 27-28)

A inovação, obrigatoriamente, está ligada ao mercado, pois remete a um conceito econômico de um bem tangível ou intangível que pode ser vendido, já que de nada adianta ter inventado algo ou mesmo produzido um bem diferente se ele não puder ser comercializado.

Para Paixão (2007, p. 33), "explorar novos mercados é arriscado e, na maioria das vezes, demanda tempo, recursos financeiros, conhecimento e capacidade produtiva". Ainda que a inovação atraia novos clientes consumidores, gerando negócios e receitas para as empresas, há riscos de mercado que devem ser gerenciados pelo marketing.

A inovação pode ser entendida, também, como a alteração de um bem ou serviço. Nesse sentido, Reis et al. (2010, p. 43) destacam que,

> Na gestão da inovação, adota-se o conceito da implementação de novas técnicas, ideias ou métodos de gestão. Os gestores de inovação devem conhecer profundamente as pessoas ao seu redor e transformá-las em uma das maiores vantagens competitivas. Esse processo de gestão passa a desempenhar um papel fundamental na organização, uma vez que terá forte impacto na sobrevivência da organização e, consequentemente, estará satisfazendo os seus clientes.

Reis et al. (2010, p. 43) entendem também que "a principal função da inovação é criar valores para os clientes, melhorando o preço dos produtos ou serviços existentes".

A inovação, nesse contexto, é tomada como estratégia de venda e competitividade pelo marketing. Uma organização inovadora tem um ambiente propício à geração de ideias, e as transforma em projetos, que, por sua vez, trazem resultados financeiros.

Todavia, somente a inovação não é suficiente para a manutenção competitiva de uma empresa frente a seus concorrentes. Ela precisa de toda uma estrutura administrativa bem organizada que permita sua inserção no mercado.

O gestor que pretende inovar deve dispor de uma nova perspectiva sob o negócio, transformando a rotina conservadora das atividades empresariais para o encontro de novas oportunidades.

> Uma ideia só sai do papel se o mercado é propício. Em outras palavras, é preciso que o potencial de mercado para o novo produto seja convidativo, que a taxa de crescimento desse mercado seja elevada e que a concorrência não seja muito forte. A decisão de prosseguir com a ideia depende de cuidadosa análise de fatores que, combinados, possam ser favoráveis. (Cobra, 2009, p. 177)

A oportunidade de inovação pode estar presente na logística, na distribuição, nos recursos humanos, nos processos, nas embalagens e até nos departamentos financeiro, de armazenagem ou outros setores organizacionais nos quais seja possível criar valor para o cliente, diferenciando as práticas cotidianas.

Para Chiavenato (1994, p. 334), "o desenho organizacional constitui uma das prioridades da administração: delinear a estrutura da empresa de modo a contribuir decisivamente para o alcance dos objetivos organizacionais. Esta é a principal função da estrutura organizacional". A finalidade de um organograma é definir com perfeita ordem a função que desempenha cada colaborador em uma organização, garantindo a agilidade na identificação dos responsáveis, assim como as responsabilidades dos departamentos existentes na empresa. Nessa ordem de atribuições, pode estar presente a inovação.

O ideal é que as empresas desenvolvam uma cultura de inovação autossustentável, proporcionando maiores garantias de sobrevivência do negócio. Segundo Ballestero-Alvarez (2012, p. 302), "é preciso a implementação de programa, tais como de qualidade, como um método educacional que visa promover a mudança comportamental das pessoas por meio de práticas participativas e do conhecimento de informações, proporcionando suporte à qualidade e à melhoria em todos os âmbitos da vida humana".

O gestor de marketing deve analisar em que perspectiva da rotina de vida e de trabalho a inovação pode ser mais impactante para seus clientes, gerando mais receitas para a empresa e, consequentemente, diferenciando-a no mercado frente a seus concorrentes.

5.6 Marketing de serviços

Você sabe o que é marketing de serviços? Ele envolve pessoas, sobretudo em atividades de atendimento e vendas. Considerando que o serviço é imaterial, ou seja, intangível, a participação de pessoas tecnicamente preparadas e informadas no processo de vendas é fundamental. Por meio das vendas é que a empresa obtém os recursos financeiros necessários para sua manutenção econômica.

A qualidade é um fator fundamental para a melhoria dos serviços prestados no mercado, que podem estar presentes na entrega, na facilidade de um pedido ou mesmo em um serviço de instalação de produto.

Entre as atividades interpessoais e técnicas inerentes ao setor de vendas, estão a gestão da informação, a capacidade de realizar previsões e de determinar o volume de produção e o desenvolvimento constantemente de análises sobre o mercado, avaliando se o serviço é compatível ou superior ao dos concorrentes e se o atendimento prestado está de acordo com o esperado.

"Para que o trabalho do vendedor tenha um bom desempenho é necessário que o profissional tenha algumas características natas (ou adquiridas), um comportamento adequado para vender e técnicas de como abordar o consumidor" (Costa, 2003, p. 81).

O plano de marketing de serviços deve considerar que, graças ao mercado globalizado, as atividades de trabalho estão cada vez mais informatizadas, com a tendência de diminuição da necessidade de pessoas fisicamente presentes nos postos de trabalho, aumentando as oportunidades de prestação sistêmica de serviços.

> O trabalhador manual pertence ao passado e que neste novo contexto já não há mais espaço para ele. O principal recurso de capital, o investimento básico, mas também o centro de custos de uma economia desenvolvida é o trabalhador intelectual, que põe em prática tudo o que seu intelecto absorveu por intermédio de uma educação sistemática; isto é, conceitos, ideias e teorias, em vez do homem que põe em ação apenas sua habilidade manual e braçal.
> (Drucker, 1975, p. 35)

Logo, é possível reconhecer a necessidade de novas posturas na prestação de serviços pelo marketing nas organizações, gerando ações propícias à empatia, à criatividade e à proatividade para a excelência do atendimento. Conforme Gil (2010b, p. 91), como "as pessoas constituem o mais importante ativo de que dispõem as organizações, devem ser recrutadas e selecionadas com a maior competência possível, já que falhas neste processo podem comprometer outras ações de gestão a serem desenvolvidas posteriormente".

O marketing de serviços está presente em todos os ramos empresariais, independentemente do porte da organização. No setor público, por exemplo, o marketing está presente na prestação de serviços dos Correios, de escolas, bancos públicos, serviços militares, agências de empréstimos, entre outros. Nas organizações sem fins lucrativos, o marketing está presente em serviços de prestação assistencial a idosos, hospitais, museus, fundações, igrejas, entre outros. No setor privado de negócios, o marketing de serviços está ainda mais presente, desde hotéis e empresas de consultoria a empresas aéreas.

Com os novos formatos de mercado voltados à informação e aos recursos da internet, surgem necessidades específicas de atendimento ao consumidor no que tange à prestação de serviços, de modo a agregar valor ao processo de venda. Vejamos, a seguir, quais são eles.

- **Autosserviço**: nele, o consumidor tem acesso aos produtos, selecionando a compra de acordo com seu desejo e necessidade.
- **Seleção**: nessa modalidade, o cliente tem acesso a consultores para esclarecer dúvidas técnicas, efetuar degustação, experimentos ou trocas.
- **Serviço limitado**: exige auxílio técnico para ajustar o produto conforme necessidades.
- **Serviço completo**: nele, um consultor auxilia o cliente em todos os processos, desde a aquisição até a compra.

Sobretudo a gestão da informação deve estar presente em todas as atividades inerentes à prestação de serviços pelo marketing, tornando-se uma eficiente estratégia de gestão e tomada de decisão. Com o investimento em informação nos serviços prestados pelo marketing, gera-se conhecimento para toda a organização e se pode diferenciar a empresa no mundo dos negócios. Porém, Davenport e Prusak (1999, p. 4) enfatizam "a necessidade de considerar a diferença entre dados, como os elementos em sua forma bruta que não conduz a nenhuma compreensão da realidade, informação e conhecimento". As informações geradas são de extrema importância para agregar conhecimento e formar a memória organizacional. "O conhecimento pode ser definido como uma mistura fluida de experiência condensada, valores, informação contextual e *insignt* experimentado, a qual proporciona uma estrutura para avaliação e incorporação de novas experiências e informações" (Davenport; Prusak, 1999, p. 6).

Monitorar o mercado consumidor com base em informações confiáveis é uma das atribuições dos profissionais de marketing de serviços, que utilizam esse conhecimento para organizar e planejar as atividades de vendas.

Um sistema de informação de marketing de serviços baseia-se na compilação, no tratamento, no processamento e no uso correto de dados coletados.

As informações compartilhadas independem do nível de atuação do colaborador, mas devem ser amplamente difundidas a todos os membros da organização que interajam com os serviços de marketing.

De modo geral, toda vez que o marketing consegue gerenciar bem as informações obtidas, é possível descobrir o interesse e a necessidade dos consumidores, acarretando serviços bem-sucedidos, os quais podem impulsionar e elevar o crescimento do nome e da marca da empresa, até mesmo a níveis internacionais.

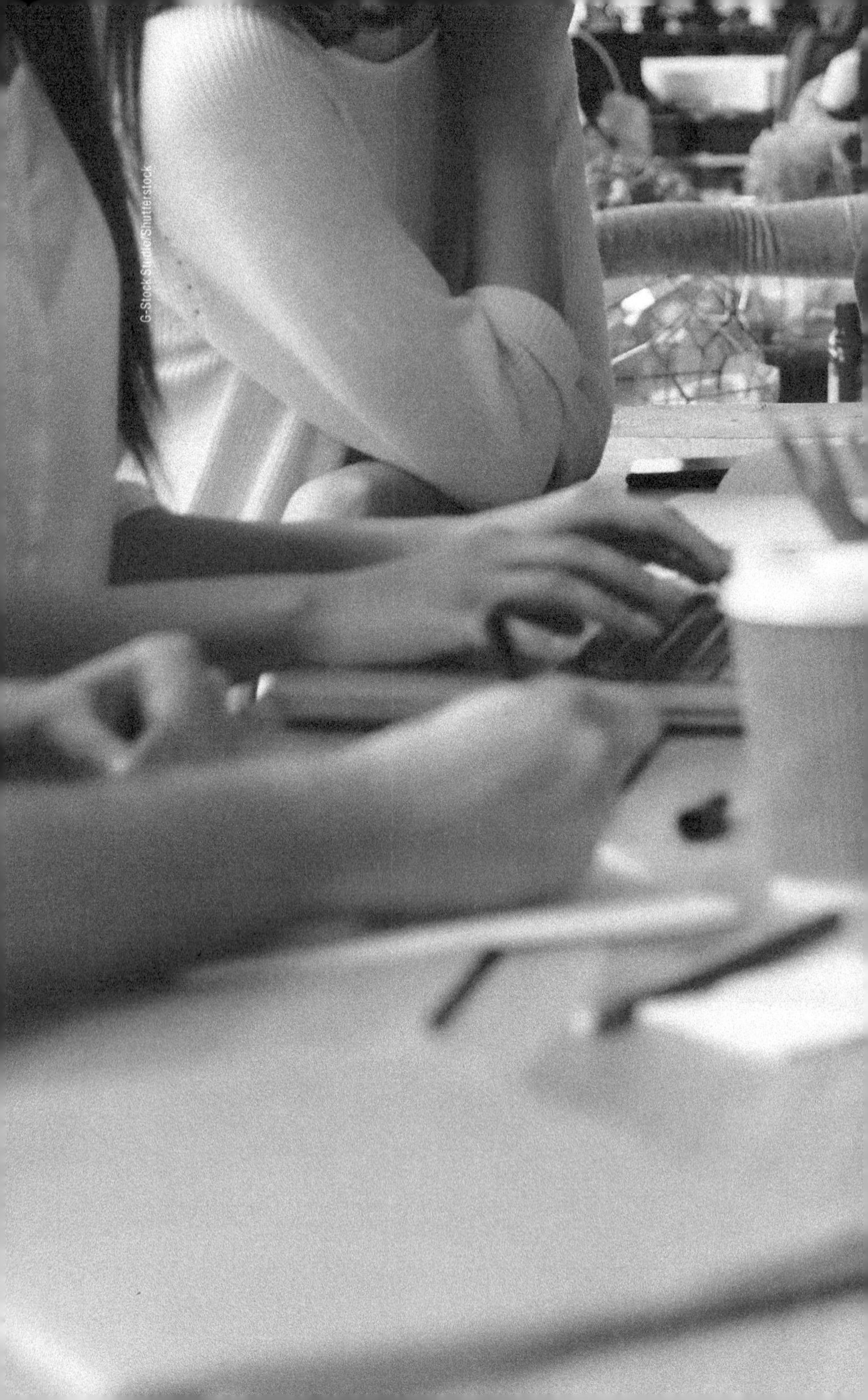
G-Stock Studio/Shutterstock

Capítulo 6

MARKETING DE RELACIONAMENTO

Unir pessoas e empresas por meio de produtos e serviços, gerando relacionamentos de qualidade, é uma das principais funções do marketing. O sucesso do planejamento estratégico de marketing envolve o fortalecimento das relações entre clientes e fornecedores. A estratégia é um conjunto de medidas que visam à vantagem competitiva, somando esforços na intenção de influenciar, encantar, seduzir, conquistar os clientes para o atingimento das metas organizacionais. Para Chiavenato (2002, p. 76), "Nenhuma organização é autônoma ou autossuficiente. Toda organização depende de outras organizações e da sociedade em geral para poder sobreviver". O marketing acredita que, a medida que os relacionamentos são consolidados, o processo de venda é uma consequência do conhecimento e do atendimento preciso às necessidades de consumo. Assim, o marketing de relacionamento é necessário dentro das organizações para o estabelecimento das parcerias entre os diversos agentes de negócio: clientes, fornecedores, cadeia de produção e administrativo, de modo que produtos e serviços sejam entregues e atendam às expectativas de consumo.

Para tanto, é necessária uma boa relação entre as partes, formando sólidos elos de comunicação, sem ruídos ou interferências que impeçam o entendimento das demandas. Dessa forma, é possível fortalecer a imagem da empresa, gerando entregas com mais qualidade.

O marketing está presente no dia a dia das sociedades, por meio da comunicação traçada para a venda de produtos e serviços consumidos diariamente pelos cidadãos, como aparelhos tecnológicos, dentre eles os aparelhos de celular, dos diversos meios de publicidade e propaganda realizados pelas mídias, como TV, rádio, internet, entre outros.

Grande parte das empresas existe para transformar insumos e matérias-primas em produtos ou serviços acabados que podem satisfazer às necessidades dos clientes. Para isso, recursos são alocados em uma série de etapas de produção, as quais chamamos de *processos*, que necessitam de bons relacionamentos entre os agentes de negócio para a materialização do produto ou serviço.

Nessa perspectiva, o marketing de relacionamento é necessário para o estabelecimento de parcerias comerciais mais sólidas, otimizando as relações de produção e entrega de matérias-primas, insumos e embalagens, a fim de cumprir os planos traçados no planejamento estratégico, pois todos os produtos e serviços exigem esforços constantes, principalmente do marketing, para alcançarem os objetivos e as metas de vendas.

De acordo com Cobra (2009, p. 40), *planejamento estratégico* é "o processo gerencial para desenvolver as oportunidades dos mercados para ajustar os objetivos, experiências e recursos da empresa. O propósito do planejamento estratégico e mapear e moldar os negócios e os produtos da empresa com a finalidade de direcionar os crescimentos em vendas e de lucros".

Contudo o marketing precisa do apoio das demais áreas organizacionais, como recursos humanos, logística, finanças, compras, vendas, entre outros.

Para o crescimento de uma empresa, é necessário que sejam definidas estratégias referentes à estrutura de cargos, funções e pessoas, sendo de grande importância que todos os envolvidos as conheçam, de modo a existir ajuda mútua entre os setores. Portanto, tornar a estrutura organizacional transparente é um elemento fundamental para o processo de comunicação do marketing na garantia da produção eficiente, de modo que o produto ou serviço chegue ao cliente. A estrutura organizacional é a representação gráfica de uma empresa, demonstrando como ela funciona.

Para um amplo e eficaz processo de comunicação, é necessário que cada membro da organização conheça as áreas de negócio da empresa e seus departamentos, bem como saiba quais são suas funções e responsabilidades dentro dela.

Conceituar cargo é uma tarefa difícil e abrangente, pois, para isso, é preciso que sejam delimitados os conceitos de tarefa, atribuição e função, uma vez que o cargo está diretamente relacionado à remuneração salarial. Se essa etapa não for bem delimitada, pode gerar conflitos de relacionamento e comunicação na empresa.

Nesse sentido, *tarefa* é a execução de atividades individuais pelo titular do cargo; já *atribuição* é a atividade individual executada pelo titular do cargo, de responsabilidade intransferível, mas para que ela aconteça o indivíduo deve se relacionar a outros cargos que envolvem atividades diferenciadas da sua, porém necessárias para que um produto ou serviço aconteça; *função*, por sua vez, diz respeito ao conjunto de tarefas executadas pelo indivíduo, de maneira sistemática, que representam o cargo. Assim, é possível entender que o *cargo* integra o conjunto de funções de uma empresa e define uma posição na estrutura organizacional, isto é, no organograma da empresa.

Desse modo, vale ressaltar que, para que a comunicação aconteça, os elementos organizacionais – cargo, tarefa, atribuição e função – devem estar claros a todos os membros da empresa. Assim, Lacombe (2011, p. 181) esclarece que "função é uma posição definida na estrutura organizacional, a qual cabe um conjunto de responsabilidades afins e relacionamentos específicos e coerentes com sua finalidade, ao passo que cargo é um conjunto de funções de mesma natureza de trabalho, de requisitos em nível de dificuldades semelhantes e com responsabilidades em comum".

Para garantir seu sistema de abastecimento e distribuição, toda empresa relaciona-se com diversos elementos da cadeia de produção. Nessa perspectiva, o marketing de relacionamento visa entender a capacidade de atendimento da empresa, de acordo com os recursos dos diferentes membros que interagem com seu negócio.

> O sistema de abastecimento de cada empresa é função do sistema de produção empregado por ela. Esse sistema aumenta a complexidade à medida que aumenta o número de intermediários, e mais críticos se tornam os mecanismos de programação e controle das entregas, já que estoques funcionam como amortecedores de erros, mas custam caro para a empresa. (Martins; Alt, 2009, p. 387)

As empresas precisam adotar novas estratégias constantemente para se manterem competitivas em um mercado cada vez mais exigente. Nesse sentido, a administração dos recursos financeiros, de modo a reduzir custos nos processos operacionais, agregar valor na prestação de serviços e fornecer preços justos, é uma das características de empresas competitivas, que buscam obter vantagens e permanecer no mercado.

> A administração financeira é um conjunto de métodos e técnicas utilizados para gerenciar os recursos financeiros da entidade, objetivando a maximização do retorno do capital investido pelos acionistas. Ou seja, cabe ao gestor das finanças da empresa a tarefa de utilizar seu conhecimento técnico e as ferramentas gerenciais disponíveis com a finalidade de aumentar a riqueza dos investidores. (Wernke, 2008, p. 4)

O marketing de relacionamento está envolvido em todos os contextos organizacionais e é um fator fundamental. A escolha correta e a avaliação constante dos colaboradores e fornecedores, por exemplo, são alguns dos pontos que as empresas devem focar.

Em suma, o marketing de relacionamento tem por objetivo estabelecer relações duradouras entre os agentes pessoais dos ambientes interno e externo. Com o fortalecimento dessas relações, há ganho em aspectos técnicos e econômicos, favorecendo o aumento da produtividade e da competitividade.

6.1 Endomarketing

Se você já observou algum ambiente corporativo, com certeza deve ter percebido ações sazonais de marketing, no entanto, elas são apenas uma parte do endomarketing. Por isso, agora, vamos entender, de fato, do que trata o endomarketing.

O marketing interno ou endomarketing busca estabelecer relacionamentos duradouros com os clientes internos, isto é, as pessoas que compõem uma organização. A sobrevivência e a evolução de uma empresa frente ao mercado dependem, em grande parte, de sua capacidade de, no presente, atrair, selecionar, treinar e posicionar corretamente pessoas com capacidade técnica e emocional suficientes para, no futuro, atuarem na alta administração da empresa, assumindo responsabilidades e agindo como uma equipe integrada no atendimento eficaz dos clientes externos.

O endomarketing consiste em ações de marketing dirigidas ao público interno da empresa ou organização. Sua finalidade é promover entre os funcionários e os departamentos os valores destinados a servir o cliente ou, dependendo do caso, o consumidor. Essa noção de cliente, por sua vez, transfere-se para o tratamento dado aos funcionários comprometidos de modo integral com os objetivos da empresa. (Bekin, 2004, p. 3)

Ao fortalecer o conhecimento das habilidades de seus clientes internos, a empresa pode atender com mais eficácia seus clientes externos. Uma das funções do marketing é elaborar estratégias eficazes para se comunicar da melhor forma possível com os consumidores, promovendo as vendas. Para isso, busca selecionar informações relevantes do mercado e criar uma equipe interna de trabalho, tomando decisões adequadas à apresentação de produtos e serviços aos seus clientes. Segundo Paixão (2007, p. 9), "a comunicação integrada de marketing ou promoção aborda a comunicação da empresa com seus mercados".

Nessa perspectiva, os gestores empresariais almejam o desenvolvimento de lideranças capazes de conduzir equipes à promoção do negócio. Liderar significa exercer influência sobre o que se passa ao seu redor, e essa habilidade pode ser desenvolvida ao longo da carreira de um profissional, mas depende de ações práticas conduzidas a esse objetivo.

O líder eficaz depende das contribuições de sua equipe. Portanto, ele deve construir sua equipe de trabalho pensando nas habilidades técnicas e emocionais que julgar necessárias, treinar e desenvolver as pessoas com foco nos objetivos organizacionais, analisar e planejar o trabalho de sua equipe conforme as demandas, gerenciar mudanças necessárias no ambiente de trabalho, otimizando a produtividade, liderar positivamente pessoas e grupos de trabalho, motivar pessoas e grupos de trabalho por meio da sua própria tarefa e exemplo, monitorar e avaliar o desempenho das pessoas e do grupo para verificar seu progresso, além de as recompensar em um sistema de meritocracia.

O envolvimento dos líderes com o processo de endomarketing tende a transformá-los em agentes de mudanças, capazes de envolver todos os colaboradores de uma organização, fomentando o comprometimento de todos.

Quando notícias sobre determinada empresa chegam à imprensa ou aparecem na Internet, os funcionários devem estar munidos de uma versão própria da história, partida da empresa, para que se sintam parte da sua própria equipe. Essa estratégia também permite que as empresas tenham melhor controle de suas mensagens, sem depender do modo como a mídia os posiciona. (Argenti, 2006, p. 175)

Mas você deve estar se perguntando: Como o endomarketing influência as ações com o cliente? É isso que compreenderemos na sequência.

O marketing interno ou endomarketing tem a função de treinar colaboradores para atuarem com a máxima excelência, refletindo em ações predominantemente na esfera econômica, sob a força de vendas, por meio do desenvolvimento de propagandas, gestão de produtos, pesquisas de mercado e demais serviços de atendimento aos consumidores. Paixão (2007, p. 98) explica que "as ações de marketing direto geram integração da empresa e seu cliente, mas é necessário que se tenha conhecimento de todos os clientes a fim de criar relacionamentos".

As ações de endomarketing atuam nas diversas esferas empresariais voltadas ao atendimento ao cliente, como pesquisa e desenvolvimento, compras, produção, vendas, logística, finanças e ações de comunicação em geral.

Nas ações de pesquisa e desenvolvimento (P&D), o endomarketing atua integrando os setores empresariais para ouvir as necessidades dos clientes, buscando soluções para eles. Por meio de reações e sugestões do público, desenvolve novos testes de produtos e serviços em um processo de melhoria contínua. Para Andreassi e Sbragia (2002, p. 72), o P&D, "a mais clássica das atividades inovativas, assume papel de destaque, influenciando ativamente o processo de inovação tecnológica das empresas e dominando o estado da arte das novas tecnologias".

No que diz respeito a compras, os profissionais de endomarketing buscam a máxima eficiência dos fornecedores que atuam com a empresa, em uma relação de maior confiança, preço, qualidade e condições de entrega, pois o ciclo de compras consiste em obter mercadorias e serviços em quantidade e qualidade necessárias para garantir o melhor serviço possível aos clientes.

> As compras devem ser formalizadas e, em consequência, devidamente documentadas, isentando de qualquer suspeita os fornecimentos de materiais à empresa. Assim, a decisão de uma compra requer a análise de vários fatores: o preço, a condição de pagamento e o prazo de entrega necessitam ser obtidos fora da empresa e, sempre que necessário, o setor de compras efetua levantamento formal desses pormenores. (Viana, 2002, p. 56)

Se necessário, os profissionais que atuam com o endomarketing devem ajudar a estabelecer contatos com novos fornecedores para a ampliação dos negócios organizacionais, focando, sobretudo, na missão, na visão e nos valores da empresa. Segundo Chiavenato (2014, p. 64), os "valores constituem crenças e atitudes que ajudam a determinar o comportamento individual. As organizações priorizam certos valores (as pessoas são o ativo mais importante ou o cliente tem sempre razão) que funcionam como padrões orientadores dos comportamentos das pessoas".

Em relação à produção, as ações de endomarketing buscam, por exemplo, aproximar os clientes da empresa, convidando-os a conhecer a linha de produção. Os profissionais da área buscam melhorar a qualidade do processo produtivo cumprindo prazos e, se necessário, personalizando os produtos de acordo com as necessidades dos clientes, entre outras ações de otimização do atendimento e melhoria da qualidade, bem como da entrega dos produtos e serviços ao cliente.

> Devido às evoluções tecnológicas, a informação tornou-se uma potente ferramenta de gerência que pode gerar transparência e confiabilidade aos processos de abastecimento. Manter o cliente informado sobre a situação do pedido, rastrear cargas ou contêineres através de sistemas modernos de rastreamento *tracking* e programar de forma eficiente as entregas, são apenas alguns exemplos do poder da informação. Uma cadeia de abastecimento não utilizará somente informações precisas, mas deve empregá-la para aprimorar os planejamentos de custos e estoques. (Silva, 2013, p. 21)

Mas como tudo isso influencia os vendedores? Com as ações de endomarketing, os profissionais de vendas passam a ter conhecimento mais amplo de seus clientes, atendendo-os de maneira mais rápida e eficiente, ouvindo suas ideias, refinando-as para a melhoria dos produtos e serviços.

Kotler e Armstrong (1993, p. 7) explicam que "muitas organizações seguem o conceito de venda, o qual sustenta que os consumidores não comprarão uma quantidade suficiente dos produtos de uma empresa a menos que esta dispense um grande esforço em vendas e promoção". Segundo Costa (2003, p. 81), "para que o trabalho do vendedor tenha um bom desempenho é necessário que o profissional tenha algumas características natas (ou adquiridas), um comportamento adequado para vender e técnicas de como abordar o consumidor".

Uma das atribuições do profissional de vendas é saber negociar em situações adversas, como entrega incorreta de um pedido, avarias de produtos ou erro na produção do produto ou serviço, corrigindo os erros que venham a ocorrer, sem, contudo, perder o negócio.

Nos serviços de logística, os profissionais passam a definir o tempo padrão de entrega dos produtos e serviços, bem como o fluxo de produtos para o melhor atendimento ao cliente. Segundo Martins e Alt (2009, p. 326), "A logística é responsável pelo planejamento, operação e controle de todo o fluxo de mercadorias e informação, desde a fonte fornecedora até o consumidor".

Na área de finanças, os profissionais de endomarketing trabalham com o apoio nos gastos necessários com propaganda, adaptam pacotes financeiros de acordo com a realidade dos clientes e auxiliam na confecção de relatórios de lucratividade por produto e segmento de mercado, bem como nas decisões em relação ao crédito.

Em relação às ações de divulgação, o endomarketing atua no controle das notícias favoráveis e desfavoráveis, avalia constantemente a imagem da empresa com os clientes, busca o desenvolvimento de produtos assertivos para cada segmento de mercado e público-alvo, entre outras ações que auxiliem na promoção de produtos e serviços.

6.2 Plano de marketing

O plano de marketing tem o propósito de fundamentar os objetivos de vendas de uma empresa, seja por atividades inerentes a produtos, seja por serviços. Esse documento auxilia as empresas a mapear os cenários futuros e gerenciar as informações, que podem ser utilizadas para desenvolver as estratégias, as quais, por sua vez, proporcionam melhor desempenho na produção e nas vendas, acarretando maiores resultados financeiros.

> O marketing está por toda parte. Formal ou informalmente, pessoas e organizações envolvem-se em um grande número de atividades que poderiam ser chamadas de marketing. O bom marketing tem se tornado um ingrediente cada vez mais indispensável para o sucesso dos negócios. E o marketing afeta profundamente nossa vida cotidiana. Ele está em tudo o que fazemos, das roupas que vestimos aos **sites** em que clicamos, passando pelos anúncios que vemos. (Kotler; Keller, 2006, p. 2)

O plano de marketing é considerado a principal ferramenta dos profissionais de gestão, a qual possibilita que se projete a empresa no mercado com objetivos e metas claras. Dele, resultam outros documentos de gerenciamento, como o plano de negócios, que se trata de

> uma descrição detalhada do empreendimento, o produto ou serviço a ser fornecido e todos os aspectos da operação da futura empresa. O plano de negócios projeta a imagem da empresa como o empreendedor espera que ela seja, para orientar o processo de sua criação e implantação. O plano de negócios também pode ser a base para um pedido de financiamento. (Maximiniano, 2011, p. 297)

Outros subsistemas de podem resultar do plano de marketing são: plano de vendas; plano de comunicação; plano de *merchandising* e plano de relações públicas, além de outras subdivisões que o gestor julgue necessárias.

- **Plano de vendas**: utilizado na definição de estratégias de vendas.
- **Plano de comunicação**: serve para a construção de um mapa que oriente as ações de comunicação do produto ou serviço com o mercado.
- **Plano de *merchandising***: define técnicas para propor soluções ao cliente.
- **Plano de relações públicas**: melhora a comunicação das empresas com seus clientes.

Com o plano de marketing, o empreendedor determina a melhor maneira de aplicar os recursos disponíveis, de acordo com as necessidades do mercado, colocando em prática todas as mudanças necessárias a seu melhor desempenho. Juran (2011, p. 88) aponta que "O empreendedor tem um papel vital em oferecer aos clientes novas versões de produtos existentes".

> O importante no planejamento de negócios é a jornada. O plano é seu ponto de partida. Ele traça um caminho até seu destino. Identifica quais os principais riscos e perigos a evitar no caminho. Oferece estratégias para lidar com vendavais e obstáculos. Apresenta marcos para confirmar o seu progresso. Ajuda a esperar o inesperado. Com um bom plano de negócio, você sabe onde começou, aonde está indo e como chegar lá. (Stutely, 2012, p. 31)

A constituição de um plano de marketing parte de três etapas fundamentais: (1) elaboração da parte escrita e da estrutura; (2) implementação das práticas planejadas no mercado; e (3) controle das decisões tomadas para a mensuração ou não da eficácia, conforme representado na Figura 6.1.

Figura 6.1 – **Plano de marketing**

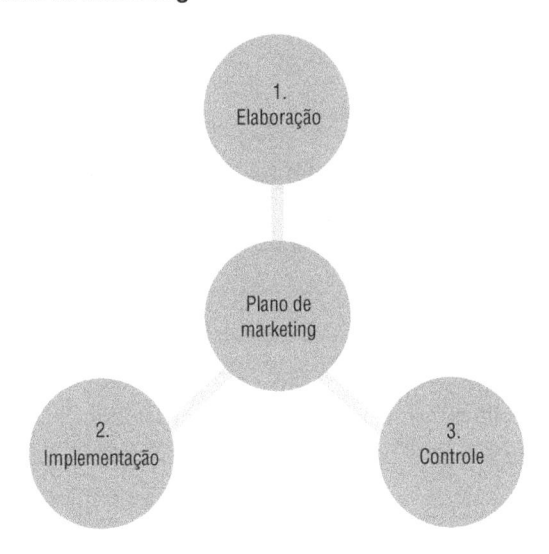

A elaboração do documento é a primeira parte do planejamento e está dividida em diagnóstico do ambiente, definição das diretrizes organizacionais e formação das estratégias, conforme mostra a Figura 6.2.

Figura 6.2 – **Fases do planejamento**

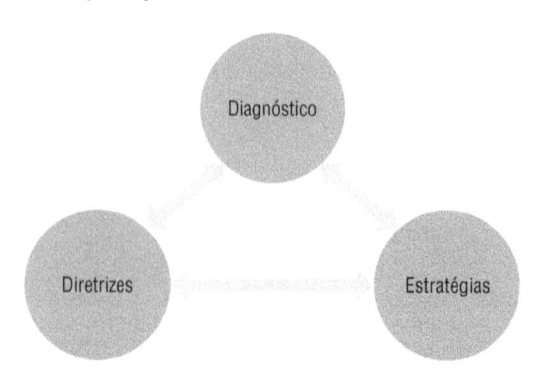

- Diagnóstico
- Diretrizes
- Estratégias

Sabemos que uma boa informação é aquela passada de modo inteligível, certo? Assim também ocorre com o texto do plano de marketing, ele deve ser escrito de maneira clara e precisa, de modo que qualquer pessoa pertencente à empresa ou de fora dela possa compreender os objetivos da proposta e colocá-la em prática.

Sua estruturação também deve ser realista, explicitando o que pode ser realmente executado e em que período, de acordo com as condições econômicas, de pessoal e de capacidade produtiva da empresa.

A metodologia do trabalho de planejamento também é um aspecto importante, pois permite que sejam listadas etapas para o atingimento das metas organizacionais. Para a construção do documento, é importante que sejam seguidos os seguintes passos demonstrados na Figura 6.3.

Figura 6.3 – **Método para o planejamento**

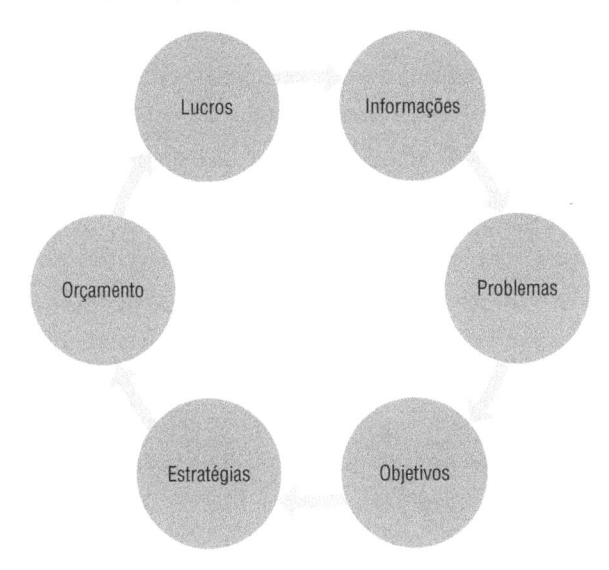

[Diagrama circular com os elementos: Informações → Problemas → Objetivos → Estratégias → Orçamento → Lucros]

- **Levantamento de informações**: verificação da situação ambiental interna e externa para que as propostas do planejamento ocorram de acordo com a realidade da empresa.
- **Plano de problemas e oportunidades**: levantamento de problemas que devem ser resolvidos e das oportunidades que podem ser alcançadas.
- **Determinação dos objetivos**: classificação dos objetivos de acordo com o grau de importância, descrevendo-os de maneira clara e precisa.
- **Desenvolvimento de estratégias**: gerenciamento de estratégias para o alcance dos objetivos, de modo que os recursos previstos sejam empregados corretamente.

- **Definição do orçamento:** previsão de custos com propaganda, publicidade, promoção e pesquisas de novos produtos. Todos os gastos necessários devem ser previstos e planejados.
- **Projeção de vendas e lucros:** estabelecimento de um cenário com projeções de vendas, custos e lucros para a avaliação do retorno das ações de marketing.

Uma das funções da definição do método na fase de planejamento é fundamentar a opção das atividades a serem realizadas para averiguar se o produto ou serviço será aceito ou não no mercado.

Após finalizada a construção, o plano de marketing deve ter a concordância de todas as pessoas que participaram da sua elaboração, com a aposição da assinatura no documento, de maneira que as metas propostas tenham mais chances de obter sucesso na etapa de implementação.

É na fase de planejamento que ocorre a identificação e a análise do macroambiente empresarial e de todas as suas variáveis incontroláveis frente ao mercado, por exemplo, políticas, legislação e inflação. O microambiente, por sua vez, é composto de elementos mais próximos à empresa, como clientes, empresários, concorrentes, órgãos reguladores governamentais e fornecedores.

> Empresas que se preocupam em conhecer o seu mercado de atuação e todas as forças que possam vir a interferir em seus planos estão mais propensas a alcançar níveis de sucesso e bom desempenho comprovadamente superior àquelas que sequer se interessam em conhecer o seu público consumidor. Ignorar a análise ambiental do negócio é quase como navegar perdido em um oceano, não se sabe aonde irá se chegar e muito menos quais serão os imprevistos a serem enfrentados. (Scherer et al., 2015, p. 60).

Para a elaboração do plano, o gestor deve considerar que o mercado é dinâmico e, por vezes, ambíguo no que tange à mudança de comportamento. Contudo, o planejamento das ações de marketing deve ser flexível, proporcionando ajustes sempre que necessário, de acordo com as novas realidades de mercado.

A definição do ambiente de negócio está no reconhecimento das forças, das fraquezas, das oportunidades e das ameaças da organização; no estabelecimento de diretrizes organizacionais; e na definição das estratégias para alcançar os objetivos. Essa etapa pode ser definida com o auxílio da ferramenta SWOT, que vimos no Capítulo 3. Segundo Kotler e Keller (2006, p. 50), "Uma coisa é perceber oportunidades atraentes, outra é ter capacidade de tirar o melhor proveito delas. Cada negócio precisa avaliar periodicamente suas forças e fraquezas internas".

Na fase do diagnóstico, é possível levantar as informações necessárias ao direcionamento estratégico da empresa, podendo-se identificar com clareza o ambiente organizacional. Com o estudo das preferências dos clientes e das tendências populacionais em relação à cultura, à educação, ao estilo de vida, à faixa etária e à alocação geográfica, é possível obter maior conhecimento dos elementos necessários para o lançamento do produto ou serviço no mercado. "A satisfação dos clientes é um objetivo prioritário para todas as organizações" (Maximiano, 2011, p. 58).

As leis, os impostos, as taxas aplicáveis aos setores econômicos, as mudanças políticos-governamentais, o aumento ou a queda nas taxas de juros, a renda dos cidadãos e a mensuração dos níveis de emprego, das oscilações da inflação e dos índices de preços também são fatores que devem ser considerados pelo marketing.

Você sabia que é na fase do diagnóstico que a análise dos aspectos identificados pode ajudar a empresa a ganhar mercado? Se bem aproveitados, os elementos do diagnóstico proporcionam vantagem competitiva, rápido crescimento dos mercados, acesso a pessoas altamente qualificadas, novos modelos organizacionais e mudanças de tendências, acompanhando com mais ênfase as necessidades do mercado.

As ameaças encontradas, por sua vez, podem atrapalhar o desenvolvimento e o funcionamento da empresa, gerando dificuldades na administração e no desempenho, como concorrentes mais agressivos, escassez de matéria-prima, desaceleração dos mercados e a entrada de um novo concorrente capaz de ameaçar os planos de vendas da organização.

Com o planejamento estratégico, são estabelecidas as diretrizes do negócio, como missão, visão, objetivos e valores organizacionais. Esse conjunto de elementos é fundamental para o estabelecimento da posição em que a organização está e aonde ela quer chegar. Para Kotler e Keller (2006, p. 43), "as melhores declarações de missão são aquelas guiadas por uma visão, uma espécie de sonho impossível que proporciona a empresa um direcionamento para os próximos dez a vinte anos". A missão expressa a razão de ser da empresa no mercado. Para Chiavenato (2014, p. 67), "visão é a imagem que a organização tem a respeito de si mesma e do seu futuro. É o ato de ver a si própria no espaço e no tempo. A visão consiste num objetivo a longo prazo, não quantificável, que expressa em que posição do mercado a organização pretende estar no futuro".

Uma vez que as diretrizes organizacionais estejam bem estabelecidas, a empresa elabora o plano de ação e define métodos e os caminhos a serem seguidos pelas áreas de trabalho, que servem de referência e guia para as ações futuras. A estratégia de marketing tem como objetivo a expansão e o fortalecimento das relações da empresa com seus colaboradores, fornecedores, parceiros e clientes. Para Carpinetti (2012, p. 11), "o conceito de foco no cliente tem duas questões fundamentais que são: trazer a visão do mercado sobre requisitos de produtos e serviços para dentro da empresa; e garantir que toda a organização esteja focada no atendimento desses requisitos". As diretrizes também proporcionam a visão racionalizada dos concorrentes, favorecendo ainda mais os produtos e serviços prestados ao cliente.

Marketing não é apenas vender e fazer propaganda, mas sim todo um processo de preparar a empresa para que esta esteja apta a aproveitar as melhores oportunidades que surgirem. Definimos o processo de administração de marketing em: analisar as oportunidades; selecionar os mercados-alvo; desenvolver o mix de marketing e gerenciar os esforços de marketing. (Kotler; Armstrong, 1993, p. 26)

O controle é a última parte do processo de planejamento e consiste no monitoramento e na avaliação das ações de planejamento, na expectativa de melhorar e assegurar um funcionamento adequado. Nessa etapa, estão compreendidas a determinação de indicadores de desempenho e a criação de sistemas e métodos capazes de administrar as demandas por produtos e serviços.

A última seção do plano de marketing descreve os controles para o seu monitoramento. As metas e orçamento são especificados detalhadamente para cada mês ou trimestre. A alta administração pode analisar os resultados a cada período e tomar as ações corretivas cabíveis. Algumas medições internas e externas serão necessárias para avaliar o progresso e sugerir possíveis modificações. (Kotler, 2006, p. 59)

O planejamento de marketing permite que as estratégias organizacionais estejam claras, para que os caminhos percorridos, por meio dos objetivos traçados, estejam claros a todos os membros e áreas da organização. Quando bem elaborado e aplicado, o plano de marketing proporciona uma série de vantagens para a empresa, tais como:

- identifica quais áreas demandam mais atenção;
- estabelece um fluxo coerente de informações para as tomadas de decisão;
- facilita mudanças na estrutura organizacional durante a execução dos planos estabelecidos quando necessário;
- cria alternativas para as decisões gerenciais;
- incentiva a utilização de modelos organizacionais adequados aos diversos modelos ambientais, adaptando-os aos diversos cenários;
- orienta o desenvolvimento de replanejamentos;
- possibilita a estruturação de indicadores de desempenho e a obtenção de melhores resultados operacionais;
- fortalece os aspectos financeiros necessários à manutenção da empresa.

Para Kotler e Keller (2006, p. 2), "O sucesso financeiro muitas vezes depende da habilidade de marketing".

A estrutura do planejamento de marketing pode seguir o modelo de um plano de negócios, sendo dividida em cinco grandes grupos, a saber:

1. Resumo executivo e sumário – visa atrair o interesse das pessoas para o planejamento.
2. Análise da situação – descreve o posicionamento da empresa no mercado, destacando seu tempo de existência e seus produtos e serviços comercializados.
3. Estratégia de marketing – insere produtos e serviços de acordo com as necessidades do mercado.
4. Projeções financeiras – determina o espaço financeiro que as ações de marketing podem ocupar.
5. Controle – organiza relatórios que proporcionem informações em tempo real.

O plano de negócios deve ser elaborado em forma de documento, sendo redigido com linguagem acessível e que traduza especificamente os aspectos de planejamento para o empreendimento, sejam de produção, sejam de vendas, sejam de inserção de um novo produto ou serviço no mercado.

O plano é um mapa que norteia a empresa e, por isso, deve ser atualizado constantemente, de modo a cumprir seus objetivos. Esse documento demonstra a todos os agentes de negócio a real situação da organização, bem como deixa claro suas necessidades.

Com as constantes mudanças no comportamento de mercado e de consumo pelas pessoas, a função do gestor de marketing é essencial para o sucesso do planejamento estratégico de uma empresa. Qualquer que seja o ramo de negócio ou porte da empresa, é importante que se explore, por meio de estudos, as necessidades e as expectativas do cliente antes da implementação de novos produtos e serviços no mercado.

6.3 Tipos de marketing

Os tipos de marketing estão ligados às necessidades de adaptação e às oportunidades de a empresa melhorar seu desempenho em relação aos clientes e ao mercado.

Quando se fala em estratégia diferenciada de marketing, é necessário conhecer a própria empresa, seus produtos ofertados, o mercado, a concorrência e seus consumidores para, assim, entender qual a melhor prática a ser usada em determinado momento.

Como os tipos de marketing são vários, conforme for conhecendo cada um, pense em um exemplo real para ele. Com esse exercício, você fixará melhor esse conteúdo.

- **Marketing de causas**: difunde movimentos sociais apoiados por clientes e patrocinadores e realiza acordos de licenciamento para ações de propaganda, promoção e publicidade.
- **Marketing de relacionamento a causas**: promove a doação de porcentagens das receitas de vendas a uma ação ou causa específica.
- **Marketing socialista**: fomenta campanhas que propagam ações sociais nos clientes consumidores, adaptando práticas de negócios às necessidades do ambiente que envolvam pessoas ou até mesmo animais.

- **Marketing direto:** ocorre pela venda de catálogos físicos ou virtuais por meio de revistas, *sites* e demais canais de comunicação, como a televisão e o rádio.
- **Marketing de serviços:** acontece preponderantemente no varejo, mas também no atacado por grupos de consumidores.
- **Marketing por venda direta:** também conhecido como *venda multinível* ou *marketing de rede*. Nesse segmento, as vendas ocorrem nas residências dos consumidores ou em pontos predeterminados de reunião. Nele, há um supervisor que recruta vendedores e, com o tempo, esses profissionais se tornam supervisores de outros vendedores. Tais profissionais são comissionados.
- **Marketing por venda programada:** nesse segmento, as vendas são feitas por programação de autoatendimento, com o auxílio de equipamentos eletrônicos e artefatos da tecnologia da informação.
- **Marketing pessoal:** ocorre no direcionamento positivo com um indivíduo.
- **Marketing digital:** é realizado pelas mídias sociais, *sites* e aplicativos da internet.

As atividades de marketing são muito amplas, uma vez que vão desde estudo de mercado, definição de estratégias, publicidade, vendas e assistência pós-venda até o marketing pessoal e digital. Constantemente, o marketing precisa criar estratégias para fortalecer a marca da empresa, identificar novas oportunidades de mercado, criar valor no produto, satisfazer ao cliente e, acima de tudo, conquistar mercado.

6.4 Ética e responsabilidade social no planejamento de marketing

O marketing está sempre envolvido com os objetivos empresariais no cumprimento da missão, da visão e dos valores estabelecidos, bem como com a política de ética das organizações, visando ao cumprimento das relações de confiança e respeito com seus clientes internos e externos.

A primeira responsabilidade de uma empresa é apresentar desempenho econômico satisfatório, pois, pela viabilidade financeira, desdobram-se aspectos sociais, como empregos, melhores salários e preços mais adequados aos clientes. Com isso, o objetivo organizacional em obter lucro é legítimo, uma vez que, quando bem administrado, pode favorecer socialmente toda a comunidade no entorno da empresa.

> A responsabilidade social corporativa tem como base que a atividade de negócios e a sociedade estão interligadas. Isso cria certas expectativas na sociedade em relação ao modo como a organização se comporta e no modo como ela gerencia seus negócios. Assim, a responsabilidade social passa a ser uma estratégia importante das empresas que buscam um retorno institucional a partir das suas práticas sociais. Ela envolve a preocupação da empresa com toda a sociedade e não somente com o consumidor – foco do marketing. (Formentini, 2004 p. 183-184)

A cultura ética nas organizações tem a dimensão dos reflexos do trabalho que interferem nas escolhas de compras, pelos resultados obtidos da produtividade, os quais podem favorecer o modo do homem viver em sociedade.

Com a visão social de negócio, o marketing fomenta campanhas publicitárias que podem causar mudanças de comportamento no consumidor, fortalecendo ações que busquem uma nova visão do ponto de vista ambiental, de preocupação com as consequências de nossas ações. Conforme Amato Neto (2011, p. 38),

> Em seu conceito inicial, a sustentabilidade abrangia exclusivamente a característica ecológica do planeta, focando a preservação dos recursos naturais, fauna e flora. Em seguida, a evolução desse conceito acarretou uma expansão, incluindo, juntamente com o meio ambiente, os meios sociais e econômicos.

O marketing socialmente responsável desenvolve ações éticas que podem promover diversas práticas para o bem comum da sociedade, desde o fornecimento de produtos e serviços voluntários, descontos até a organização de eventos sem fins lucrativos.

Assim como os fatores geográficos influenciam as formas de consumo da população, estabelecendo padrões de acordo com as características da região, como clima e temperatura, os fatores sociais e as necessidades das comunidades locais também podem alterar os padrões de consumo, sensibilizando os consumidores a praticar ações socialmente responsáveis.

Todavia, a literatura conta com alguns questionamentos éticos referentes às condutas de marketing, por exemplo:

- O marketing cria desejos e necessidades ou simplesmente os satisfaz? Os desejos e as necessidades do consumidor são moldados aos interesses das empresas?
- O marketing contribui para um apego excessivo às posses materiais?

- O marketing se prevalece de fraquezas e dificuldades emocionais das pessoas para comercializar produtos e serviços?
- Ao desenvolver e promover constantemente novos produtos e serviços, o marketing estimula o desperdício e a permanente insatisfação dos consumidores?
- O marketing desenvolve e promove produtos que são prejudiciais aos consumidores e à sociedade, aumentando os custos sociais decorrentes de sua comercialização?

É importante considerar que os padrões de consumo estão condicionados a códigos comportamentais ou a *status* nas diferenciações de classes sociais. Pessoas desfavorecidas socialmente não consomem produtos e serviços voltados às classes A e B, em razão do alto valor de venda. Já os grupos sociais economicamente favorecidos consomem produtos de alto valor agregado e de venda, de marcas conhecidas, externalizando a todos os demais grupos sociais seu poder de compra.

Entretanto, o poder psicológico do consumidor também é estudado pelo marketing. O consumidor busca consumir produtos e serviços para atender suas necessidades e desejos, mas a grande maioria tem o olhar para as necessidades das comunidades que se encontram ao seu entorno.

Percebeu a importância do marketing para a empresa? Com ele, é possível determinar como será seu produto ou serviço, bem como as características que envolvem nome, qualidade, forma, embalagem, tamanho, preço de venda, meio de pagamento, onde e como o produto será transportado, estocado e comercializado, quais as formas de divulgação e os canais e meios que serão utilizados para a promoção deles. Todas essas ações, necessárias à alocação de determinado produto ou serviço nas prateleiras dos mercados e nas residências dos consumidores, podem ser feitas de maneira socialmente responsável e dentro de padrões éticos empresariais.

Considerações *finais*

Empiricamente, sabe-se que o sucesso das empresas está diretamente relacionado às ações estratégicas de marketing, as quais devem ser tomadas pelos gestores das empresas. Para tanto, muitas vezes, são necessárias mudanças nas formas de trabalho adotadas, com objetivo de promover a publicidade e a propaganda de produtos e serviços prestados, de modo que eles se tornem ainda mais competitivos, pois, no atual mercado globalizado, altamente competitivo e exigente, não há mais barreiras físicas e temporais para que o cliente seja atendido.

Muitas empresas tomam decisões aleatórias em gestão em marketing, promovendo campanhas em rádios, jornais, redes sociais, e desenvolvendo panfletos e cartões, porém, muitas dessas ações, não são assertivas, uma vez que não foram planejadas adequadamente, o que pode gerar custos desnecessários e onerar ainda mais as empresas que precisam vender para sobreviver no mercado.

Nesse sentido, é necessário discutir junto com as equipes de trabalho as estratégias mais adequadas de publicidade, propaganda e promoção, pois elas, em grande parte, devem ser aplicadas de maneira diferenciada, ou seja, direcionadas especificamente a cada tipo de produto ou serviço, de modo a obter retornos quantitativos.

Ainda que os custos sejam um fator impeditivo para a aplicação de estratégias mais arrojadas, para o marketing, a inovação pode gerar trabalhos não onerosos do ponto de vista financeiro. Vale ressaltar que, em muitos casos, o próprio cliente é quem promove a divulgação da empresa, gratuitamente, falando bem, indicando os produtos e/ou serviços que lhe proporcionaram satisfação. Contudo é fundamental que a empresa invista esforços para oferecer produtos e serviços com qualidade, além de fornecer treinamento motivacional aos colaboradores, objetivando que eles atendam aos clientes com a empatia e o respeito merecidos.

Com base nos autores citados ao longo da obra, foi possível entender que o marketing não deve ser usado aleatoriamente. Nesse sentido, são necessários profissionais qualificados para os estudos do ambiente, dos clientes e de todos os elementos que interagem com produtos e serviços a serem impulsionados no mercado, além de qualquer estratégia iniciada precisar de muito planejamento.

Referências

AMATO NETO, J. (Org). **Sustentabilidade & produção**: teoria e prática para uma gestão sustentável. São Paulo: Atlas, 2011.

ANDRADE, A. R. de. **Planejamento estratégico**: formulação, implementação e controle. São Paulo: Atlas, 2012.

ANDRADE, C. F. **Marketing**: O que é? O que faz? Quais as tendências?. Curitiba: Ibpex, 2010.

ANDREASSI, T.; SBRAGIA, R. Relações entre indicadores de P&D e de resultado empresarial. **Revista de Administração**, São Paulo, v. 37, n. 1, p. 72-84, jan./mar. 2002. Disponível em: <http://rausp.usp.br/wp-content/uploads/files/v3701072.pdf>. Acesso em: 18 mar. 2021.

ANSOFF, H. I. **Corporate Strategy**: An Analytic Approach to Business Policy for Growth and Expansion. New York: McGraw-Hill, 1965.

ARGENTI, P. A. **Comunicação empresarial**: a construção da identidade, imagem e reputação. Tradução de Adriana Ceschin Rieche. Rio de Janeiro: Elsevier, 2006.

ARNOLD, J. R. T. **Administração de materiais**. Tradução de Celson Rimoli e Lenita R. Esteves. São Paulo: Atlas, 1999.

BALLESTERO-ALVAREZ, M. E. **Gestão de qualidade, produção e operações**. 2. ed. São Paulo: Atlas, 2012.

BALLOU, R. H. **Gerenciamento da cadeia de suprimentos/ Logística empresarial**. Tradução de Raul Rubenich. 4. ed. Porto Alegre: Bookman, 2001.

BALLOU, R. H. **Logística empresarial**: transportes, administração de materiais e distribuição física. Tradução de Hugo Yoshizaki. São Paulo: Atlas, 1993.

BARBOSA, A. dos S.; DIAS, M. R.; WALCHHUTTER, S. Segmentação de mercado: análise de artigos sobre segmentação psicográfica. **Brazilian Business Law Journal**, v. 1, n. 1, p. 1-15, 2015. Disponível em: <http://revista.unicuritiba.edu.br/index.php/admrevista/article/view/1125>. Acesso em: 18 mar. 2021.

BARROS, L. R. M. **A cor no processo criativo**: um estudo sobre a Bauhaus e a teoria de Goethe. São Paulo: Senac, 2009.

BEIRÃO, P. S. L. A importância da iniciação científica para o aluno da graduação. **Boletim UFMG**, Belo Horizonte, ano 4, n. 1208, 28 out. 1998. Disponível em: <https://www.ufmg.br/boletim/bol1208/pag2.html>. Acesso em: 18 mar. 2021.

BEKIN, S. F. **Endomarketing**: como praticá-lo com sucesso. São Paulo: Pearson, 2004.

BERNARD, D. A. **Marketing internacional**. Curitiba: Ibpex, 2007.

BOOTH, E. Direct Marketing: Getting Inside a Shopper's Mind – Direct Marketers Are Working Out How and Why Consumers Arrive at Decisions, in Order to Satisfy Their Needs. **Campaign**, 3 jun. 1999. Disponível em: <https://www.campaignlive.co.uk/article/direct-marketing-getting-inside-shoppers-mind-direct-marketers-working-why-consumers-arrive-decisions-order-satisfy-needs-emily-booth-reports/51787>. Acesso em: 18 mar. 2021.

BRAGA, R. **Fundamentos e técnicas da administração financeira**. São Paulo: Atlas, 2010.

CALAES, G. D. **Planejamento estratégico, competitividade e sustentabilidade na indústria mineral**: dois casos de não metálicos no Rio de Janeiro. Rio de Janeiro: Cetem/MCT/CNPq/Cyted, 2006. Disponível em: <http://mineralis.cetem.gov.br/bitstream/cetem/562/1/Planejamento-Competitividade-Sustentabilidade_IndustriaMineral.pdf>. Acesso em: 18 mar. 2021.

CARPINETTI, L. C. R. **Gestão da qualidade**: conceito e técnicas. 2. ed. São Paulo: Atlas, 2012.

CARVALHO, M. M. de; PALADINI, E. P. **Gestão da qualidade**: teoria e casos. 2. ed. Rio de Janeiro: Elsevier, 2012.

CHIAVENATO, I. **Administração de empresas**: uma abordagem contingencial. São Paulo: Makron, 1994.

CHIAVENATO, I. **Administração nos novos tempos**. 2. ed. rev. e atual. Rio de Janeiro: Elsevier, 2004.

CHIAVENATO, I. **Gestão de pessoas**: o novo papel dos recursos humanos nas organizações. 4. ed. São Paulo: Manole, 2014.

CHIAVENATO, I. **Teoria geral da administração**. 6. ed. rev. atual. Rio de Janeiro: Elsevier, 2002. v. II.

CHING, H. Y. **Gestão de estoques na cadeia de logística integrada**: supply chain. São Paulo: Atlas, 1999.

COBRA, M. **Administração de marketing no Brasil**. 3. ed. Rio de Janeiro: Elsevier, 2009.

COSTA, C. E. da. A importância da missão e visão dentro da organização. **Administradores.com**, 29 fev. 2008. Disponível em: <https://administradores.com.br/artigos/a-importancia-da-missao-e-visao-dentro-da-organizacao#:~:text=Jesus%20(2008)%20ainda%20completa%2C,humanos%20e%20sociais%20da%20organiza%C3%A7%C3%A3o.>. Acesso em: 18 mar. 2021.

COSTA, N. P. da. **Marketing para empreendedores**: uma guerra para montar e manter um negócio – um estudo da administração mercadológica. Rio de Janeiro: Qualitymark, 2003.

COSTA NETO, P. L. de O. (Coord.). **Qualidade e competência nas decisões**. São Paulo: Blücher, 2007.

CROCCO, L.; GUTTMANN, E. **Consultoria empresarial**. 2. ed. São Paulo: Saraiva, 2010.

DAFT, R. L. **Administração**. Tradução de Cid Knipel Moreira. 6. ed. São Paulo: Thomson Learning, 2005.

DAVENPORT, T. H., PRUSAK, L. **Conhecimento empresarial**: como as organizações gerenciam o seu capital intelectual. Tradução de Lenke Peres. Rio de Janeiro: Elsevier, 1999.

DEMO, P. **Introdução à metodologia da ciência**. São Paulo: Atlas, 1995.

DRUCKER, P. **Administração**: tarefas, responsabilidades e práticas. Tradução de C. A. Malferrari et al. São Paulo: Pioneira de Administração e Negócios, 1975. (Série Biblioteca Pioneira de Administração e Negócios, v. 1).

DRUCKER, P. **Sociedade pós-capitalista**. Tradução de Nivaldo Montigelli Jr. 2. ed. São Paulo: Pioneira, 1994.

FERNANDES, R. Teoria da oferta e demanda. **Administradores.com**, 28 out. 2018. Disponível em: <https://administradores.com.br/artigos/teoria-da-oferta-e-demanda#:~:text=Demanda%20%C3%A9%20a%20quantidade%20de,o%20pre%C3%A7o%20e%20sua%20renda.&text=Demanda%20%C3%A9%20o%20desejo%20de,%C3%A9%20o%20desejo%20de%20vender.>. Acesso em: 18 mar. 2021.

FERNANDEZ, H. M. **Falir jamais!**. Rio de Janeiro: Brasport, 2010.

FERRELL, O. C. et al. **Estratégia de marketing**. São Paulo: Atlas, 2000.

FORMENTINI. M. Responsabilidade social e marketing social: transformando conceitos e práticas. **Desenvolvimento em Questão**, ano 2, n. 3, p. 179-189, jan./jun. 2004. Disponível em: <https://www.revistas.unijui.edu.br/index.php/desenvolvimentoemquestao/article/view/94/51>. Acesso em: 18 mar. 2021.

FRANKUKOSKI, E. S. Plano de marketing para a empresa Artu Movéis. In: SCHERER, L.; BORGHETTI, R. D.; AJALA, R. (Org.). **Coletânea de saberes**: administração da prática III. Ananindeua: Itacaiúnas, 2020. p. 247-290.

GAITHER, N.; FRAZIER, G. **Administração da produção e operações**. Tradução José Carlos Barbosa dos Santos. 8. ed. São Paulo: Pioneira, 2002.

GIL, A. C. **Como elaborar projetos de pesquisa**. 5. ed. São Paulo. Atlas, 2010a.

GIL, A. C. **Gestão de pessoas**: enfoque nos papéis estratégicos. São Paulo: Atlas, 2010b.

GITMAN, L. J.; CHAD, J. Z. **Princípios da administração financeira**. Tradução de Cristina Yamagami. 14. ed. São Paulo: Pearson, 2017.

GONÇALEZ, M. C. **Publicidade e propaganda**. Curitiba: Iesde, 2009. Disponível em: <http://www2.videolivraria.com.br/pdfs/23870.pdf>. Acesso em: 18 mar. 2021.

GONÇALVES, C. P. **Métodos e técnicas administrativas**. Curitiba: Livro Técnico, 2011.

GONÇALVES, J. E. L. As empresas são grandes coleções de processos. **Revista de Administração de Empresas**, São Paulo, v. 40, n. 1, p. 6-19, jan./mar. 2000. Disponível em: <https://www.scielo.br/pdf/rae/v40n1/v40n1a02>. Acesso em: 18 mar. 2021.

HAWKEN, P.; LOVINS, A. B.; LOVINS, L. H. **Capitalismo natural**: criando a próxima revolução industrial. Tradução de Luiz A. de Araújo e Maria Luiza Felizardo. São Paulo: Cultrix, 2007.

HOJI, M. **Administração financeira**: uma abordagem prática. 4. ed. São Paulo: Atlas, 2003.

IBGE – Instituto Brasileiro de Geografia e Estatística. Cidades. **Censo**: amostra – resultados gerais. 2010a. Disponível em: <https://cidades.ibge.gov.br/brasil/pesquisa/23/26170?detalhes=true>. Acesso em: 18 mar. 2021.

IBGE – Instituto Brasileiro de Geografia e Estatística. **Estatísticas de gênero**: tabela – taxa de urbanização (%). 2010b. Disponível em: <https://www.ibge.gov.br/apps/snig/v1/?loc=0,0U,5,2,1,3,4&cat=-1,-2,-3,128&ind=4710>. Acesso em: 18 mar. 2021.

JURAN, J. M. **A qualidade desde o projeto**: novos passos para o planejamento da qualidade em produtos e serviços. São Paulo: Cengage Learning, 2011.

KIMURA, O.; TERADA, H. **Design and Analysis of Pull System, a Method of Multi-stage Production Control**. International Journal of Production Research, v. 19, n. 3, p. 241-253, 1981. Disponível em: <https://www.tandfonline.com/doi/abs/10.1080/00207548108956651>. Acesso em: 18 mar. 2021.

KOTLER, P. **Administração de marketing**: a edição do novo milênio. Tradução de Bazán Tecnologia e Linguística. 12. ed. São Paulo: Pearson, 2006.

KOTLER, P.; ARMSTRONG, G. **Princípios de marketing**. Tradução de Vera Whately. 5. ed. São Paulo: Pearson, 1993.

KOTLER, P.; KELLER, K. L. **Administração de marketing**. Tradução de Mônica Rosenberg, Cláudia Freire e Brasil Ramos Fernandes. 12. ed. São Paulo: Pearson, 2006.

LACOMBE, F. **Recursos humanos**: princípios e tendências. 2. ed. São Paulo: Saraiva, 2011.

LAMBIN, J.-J. **Marketing estratégico**. 4. ed. Lisboa: McGraw-Hill, 2000.

LAS CASAS, A. L. **Marketing**: conceitos, exercícios, casos. 8. ed. São Paulo. Atlas, 2009.

LAS CASAS, A. L. **Plano de marketing para micro e pequena empresa**. 6. ed. São Paulo: Atlas, 2011.

LAUDON, K. C.; LAUDON, J. P. **Sistemas de informação**: com internet. Rio de Janeiro: LTC, 1999.

LEFF, E. **Epistemologia ambiental**. Tradução de Sandra Trabucco Valenzuela. 5. ed. São Paulo: Cortez, 2010.

LEONE, G. S. G. **Custos**: planejamento, implantação e controle. 3. ed. São Paulo: Atlas, 2000.

MARCONI, M. de A.; LAKATOS, E. M. **Fundamentos de metodologia científica**. 5. ed. São Paulo: Atlas, 2003.

MARTINEZ, C. O. Disciplina: Metodologia de pesquisa. **UTFPR**, 2016. 22 slides. Disponível em: <http://paginapessoal.utfpr.edu.br/camilamartinez/metodologia-de-pesquisa-engenharia-de-alimentos-1/AULA%201a%20Enge%20-%20Conceitos%20e%20fundamentos.pdf/at_download/file>. Acesso em: 18 mar. 2021.

MARTINS, M. A. P. **Gestão educacional**: planejamento estratégico e marketing. Rio de Janeiro: Brasport, 2007.

MARTINS, P. G.; ALT, P. R. C. **Administração de materiais e recursos patrimoniais**. 3. ed. São Paulo: Saraiva, 2009.

MASLOW, A. H. A Theory of Human Motivation. **Psychological Review**, v. 50, n. 4, p. 370-396, 1943. Disponível em: <https://doi.org/10.1037/h0054346>. Acesso em: 18 mar. 2021.

MASUDA, Y. **Sociedade da informação**: como sociedade pós-industrial. Tradução de Kival Chaves Weber e Angela Weber. Rio de Janeiro: Rio, 1982.

MATTAR, F. N. **Pesquisa de marketing**: metodologia, planejamento, execução e analise. 7. ed. São Paulo: Elsevier, 2014.

MAXIMIANO, A. C. A. **Fundamentos de administração**: manual compacto paras as disciplinas TGA e introdução à administração. São Paulo: Atlas, 2004.

MAXIMIANO, A. C. A. **Introdução à administração**. 8. ed. São Paulo: Atlas, 2011.

MEGGINSON, L. C.; MOSLEY, D. C.; PIETRI JUNIOR, P. H. **Administração**: conceitos e aplicações. Tradução de Maria Isabel Hopp. 4. ed. São Paulo: Harbra, 1998.

MESQUITA, C. M. de C. **Gestão da cadeia de suprimentos e o papel da tecnologia da informação**. 30 f. Monografia (Especialização em Logística Empresarial) – Universidade Candido Mendes, Rio de Janeiro, 2009. Disponível em: <http://www.avm.edu.br/docpdf/monografias_publicadas/t204792.pdf>. Acesso em: 18 mar. 2021.

MILKOVICH, G. T.; BOUDREAU, J. W. **Administração de recursos humanos**. Tradução de Reynaldo Cavalheiro Marcondes. São Paulo: Atlas, 2000.

MOURA, C. E. **Gestão de estoques**. Rio de Janeiro: Ciência Moderna, 2004.

PAIXÃO, M. V. **Desenvolvendo novos produtos e serviços**. Curitiba: Ibpex, 2007.

PALMER, A. **Introdução ao marketing**: teoria e prática. São Paulo: Ática, 2006.

PARANHOS FILHO, M. **Gestão da produção industrial**. Curitiba: InterSaberes, 2012. (Série Administração da Produção).

PETIT, F. **Faça logo uma marca**. São Paulo: Novo Século, 2010.

PINTO, A. V. **O conceito de tecnologia**. Rio de Janeiro: Contraponto, 2013. v. 1.

PORTER, M. E. **Competitive Advantage**: Creating and Sustaining Superior Performance. New York: Collier Macmillan, 1985.

RAYOL, M. K. B. **A importância do plano de negócio para o sucesso do empreendimento**. 20 f. Trabalho (Avaliação da Disciplina Administração Financeira no do Curso de Ciências Contábeis) – Universidade Federal do Pará, Belém, 2007. Disponível em: <http://peritocontador.com.br/wp-content/uploads/2015/05/Marcus-Kleber-Bentes-Rayol-A-Import%C3%A2ncia-do-Plano-de-Neg%C3%B3cio-para-o-Sucesso-do-Empreendimento.pdf>. Acesso em: 18 mar. 2021.

REIS, D. et al. **Gerenciar a inovação**: um desafio para as empresas. Curitiba: IEL, 2010.

RESENDE, J. F. B. **Como elaborar o preço de venda**. Belo Horizonte: Sebrae/MG, 2013. (Manuais como elaborar). Disponível em: <https://www.sebrae.com.br/Sebrae/Portal%20Sebrae/UFs/MT/BIS/como%20formar%20o%20pre%C3%A7o%20de%20venda.pdf>. Acesso em: 18 mar. 2021.

REZENDE, D. A. **Planejamento estratégico para organizações públicas e privadas**. Rio de Janeiro: Brasport, 2008.

ROSA, C. A. **Como elaborar um plano de negócios**. Brasília: Sebrae, 2013. Disponível em: <https://www.sebrae.com.br/Sebrae/Portal%20Sebrae/UFs/RN/Anexos/gestao-e-comercializacao-como-elaborar-um-plano-de-negocios.pdf>. Acesso em: 18 mar. 2021.

ROSA, T. M.; GONÇALVES, F. de O.; FERNANDES, A. S. Estratificação socioeconômica: uma proposta a partir do consumo. **Banco do Nordeste**, 2014. Disponível em: <https://www.bnb.gov.br/documents/160445/226386/ss4_mesa4_artigos2014_ESTRATIFICACAO_SOCIOECONOMICA_UMA_PROPOSTA_PARTIR_CONSUMO.pdf/fbbd77ab-e78c-4885-973f-a841a26ab49e>. Acesso em: 18 mar. 2021.

SANDHUSEN, R. **Marketing básico**. Tradução de Célio Knipel Moreira. 3. ed. São Paulo: Saraiva, 2010. (Série Essencial).

SANT'ANA, A.; ROCHA JUNIOR, I.; GARCIA, L. F. D. **Propaganda**: teoria, técnica e prática. 9. ed. ver. São Paulo: Cengage Learning, 2016.

SANVICENTE, A. Z.; SANTOS, C. da C. **Orçamento na administração de empresas**: planejamento e controle. 2 ed. São Paulo: Atlas, 1995.

SCHERER, F. L. et al. Análise do ambiente de marketing: um estudo aplicado em uma cooperativa do setor de agronegócios da Região Centro-Oeste do Rio Grande do Sul. **Revista de Gestão e Organizações Cooperativas**, Santa Maria, v. 2, n. 4, p. 59-70, jul./dez. 2015. Disponível em: <https://www.researchgate.net/publication/301247004_ANALISE_DO_AMBIENTE_DE_MARKETING_UM_ESTUDO_APLICADO_EM_UMA_COOPERATIVA_DO_SETOR_DE_AGRONEGOCIOS_DA_REGIAO_CENTRO-OESTE_DO_RIO_GRANDE_DO_SUL>. Acesso em: 18 mar. 2021.

SILVA, A. F. **Definição de um modelo de previsão das vendas da rede varejista Alphabeto**. 49 f. Monografia (Graduação em Engenharia de Produção) – Universidade Federal de Juiz de Fora, Juiz de Fora, 2008. Disponível em: <https://www.ufjf.br/engenhariadeproducao/files/2014/09/2008_3_Andr%c3%a9.pdf>. Acesso em: 18 mar. 2021.

SILVA, L. A. T. **Logística no comércio exterior**. 2. ed. São Paulo: Aduaneiras, 2013.

SIMCHI-LEVI, D.; KAMINSKY, P.; SIMCHI-LEVI, E. **Cadeia de suprimentos**: projeto e gestão – conceitos, estratégias e estudos de caso. Tradução de Félix José Nonnenmacher. 3. ed. Porto Alegre: Bookman, 2009.

SLACK, N.; CHAMBERS, S.; JOHNSTON, R. **Administração da produção**. Tradução de Maria Teresa Corrêa de Oliveira e Fábio Alher. 2. ed. São Paulo: Atlas, 2002.

SLACK, N.; CHAMBERS, S.; JOHNSTON, R.; BETTS, A. **Gerenciamento de operações e de processos**: princípios e práticas de impacto estratégico. Tradução de Luiz Claudio de Queiroz Faria. Porto Alegre: Bookman, 2008.

STUTELY, R. **O guia definitivo do plano de negócios**: planejamento inteligente para executivos e empreendedores. 2. ed. rev. Porto Alegre: Bookman, 2012.

TALAMINI, E.; DEWES, H. O governo e a mídia na configuração do macroambiente para os biocombustíveis líquidos no Brasil. **Revista de Administração Pública**, Rio de Janeiro, v. 43, n. 2, p. 415-444, mar./abr. 2009. Disponível em: <https://www.scielo.br/pdf/rap/v43n2/v43n2a07.pdf>. Acesso em: 18 mar. 2021.

VASCONCELLOS FILHO, P. de. Análise ambiental para o planejamento estratégico. **Revista de Administração de Empresas**, Rio de Janeiro, v. 19, n. 2, p. 115-127, abr./jun. 1979. Disponível em: <https://www.scielo.br/pdf/rae/v19n2/v19n2a09.pdf>. Acesso em: 18 mar. 2021.

VEIGA-NETO, A. R. Um estudo comparativo de formas de segmentação de mercado: uma comparação entre VALS- 2 e segmentação por variáveis demográficas com estudantes universitários. **RAC**, v. 11, n. 1, p. 139-161, jan./mar. 2007. Disponível em: <https://www.scielo.br/pdf/rac/v11n1/a07v11n1.pdf>. Acesso em: 18 mar. 2021.

VIANA, J. J. **Administração de materiais**: um enfoque prático. São Paulo: Atlas, 2002.

VICENTE, R. B. C. et al. Organização para o mercado em organização sem fins lucrativos. **Revista Administração em Diálogo**, São Paulo, v. 18, n. 2, p. 144-160, maio/jun./jul./ago. 2016. Disponível em: <https://revistas.pucsp.br/rad/article/view/rad.v18i2.21112>. Acesso em: 18 mar. 2021.

VIEIRA FILHO, G. **Gestão da qualidade total**: uma abordagem prática. 3. ed. Campinas: Alínea, 2010.

VIEIRA, S. **Marca**: o que o coração não sente os olhos não veem. 3. ed. São Paulo: Martins Fontes, 2008.

WERNKE, R. **Gestão financeira**: ênfase em aplicações e casos nacionais. São Paulo: Saraiva, 2008.

Sobre
a autora

Daniele Melo de Oliveira é mestre em Ciência, Tecnologia e Sociedade pelo Instituto Federal do Paraná (IFPR) e graduada em Administração de Empresas pela Fundação de Estudos Sociais do Paraná (FespPR). Possui especialização em Logística Empresarial e em Gestão e Liderança Educacional pela Faculdade de Administração de Empresas do Paraná (FAEPR) e em Gestão do Conhecimento nas Organizações pela Universidade Tecnológica Federal do Paraná (UTFPR). É formada em Auditoria Interna da Qualidade pelo Serviço Nacional de Aprendizagem Industrial do Paraná (Senai-PR), além de contar com diversos cursos de qualificação profissional de caráter multidisciplinar que desenvolveu ao longo de sua carreira, como organização de eventos e *workshops*, segurança de dados, *big data*, entre outros. Atuou com gestão de marketing em empresa multinacional do ramo automotivo, no município de Pinhais (PR), e há mais de dez anos é docente nas diversas disciplinas de Administração de Empresas dos cursos técnicos, de qualificação e de aprendizagem industrial do Senai-PR.

Os papéis utilizados neste livro, certificados por instituições ambientais competentes, são recicláveis, provenientes de fontes renováveis e, portanto, um meio responsável e natural de informação e conhecimento.

FSC
www.fsc.org
MISTO
Papel produzido a partir de fontes responsáveis
FSC® C103535

✳

Os livros direcionados ao campo do *design* são diagramados com famílias tipográficas históricas. Neste volume foram utilizadas a **Caslon** – desenhada pelo inglês William Caslon em 1732 e consagradada por ter sido utilizada na primeira impressão da Declaração de Independência Americana – e a **Helvetica** – criada em 1957 por Max Miedinger e Eduard Hoffmannm e adotada, entre outros usos, no logotipo de empresas como a NASA, a BBC News e a Boeing.

Impressão: Reproset
Fevereiro/2023